金曜ナイトドラマ

おっさんずラブ Returns リターンズ

［公式ブック］

監修 テレビ朝日

文藝春秋

Contents

牧、おかえり。

ただいま。

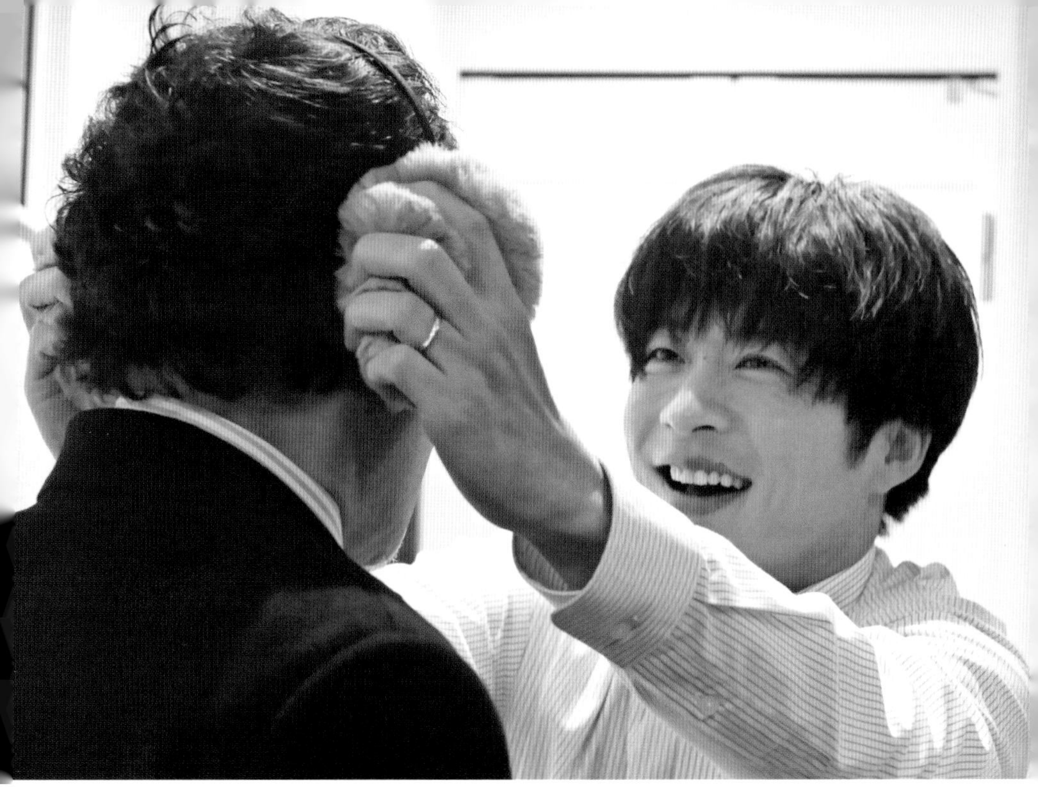

君の幸せを願って離れたのに…
なぜまた俺を呼び寄せた!?

すみません…ずっと好きでした。

牧にできる事は、はるたんの
幸せを考えてあげる事じゃないのか?

田中 圭

—春田創一—

「〝牧がすべて〟となった春田は、牧とみんなを愛して、幸せにしたいとずっと願っていました」

今作、僕は春田と牧に恋愛に関する試練が訪れないところがとても好きです。もちろん、物語上、恋愛にまつわる事件を起こすこともできたんだろうけど、制作陣も僕たちも揺るぎない関係になった二人にそれはいらないね、という考えが大前提としてありました。ただ、愛し合っていても気持ちの行き違いや些細な喧嘩は日常的に起きるものだから、そこはきっちり描いています。オンエアを観ていても春田と牧の絆はほんと強いですね。こういう二人でいてほしいという思いも貫けたんじゃないかな。

牧とふうふになって一緒に暮らす上での部長との接し方は、特に気をつけていました。牧は部長に対して、「チェンジで」とか「家政夫さん雇うの、やめませんか」とか〝永遠のライバル〟としての反応をするけれど、それに春田が同調しすぎると、武蔵との距離ができて物語が終わってしまいます（笑）。それに、春田にとって部長は大切で一緒にいたい人だけど、部長へと牧への「一緒にいたい」は全然違う。前作で、春田は部長と一緒に住んで結婚しようとしたけど、それは気持ちを受けた上で応えたいと思った行動で、牧への好きとは違っていて。だからこそ、家政夫の部長を家に招き入れることになった時の3人の距離感やさじ加減は、春田次第で受け取り方も変わってしまうから、とても難しかったです。でも、牧と武蔵にも絆みたいなものが生まれて、仲良く喧嘩し始めたと思います。3話で二人が昼顔不倫で別れてしまったらと部長が泣き崩れるシーンは、脚本に「牧が苦笑する」とあったけれど、（林）遣都くんは牧として感じたもう一歩先の表情をしていて…ここで牧と部長の距離が縮まる流れができましたね。

公式本まで買ってくださっている皆さんに今回どうしても僕が伝えたいことがあって。改めて「すごいな」と思ったのが（吉田）鋼太郎さん。実は鋼太郎さんは『VIVANT』を見ていないんですよ！（笑）。結婚式の打ち合わせに牧が来なくてというシーンで雑談していて「『VIVANT』見てどうでした？」って聞いたら、「俺、見てない」って…！　全く見ていなくてあのお芝居するのはすごすぎて尊敬しかないって「おっさんずラブ」のグループチャットで言ったら、みんなも尊敬と恐怖でおののいていました（笑）。吐血も余命一か月もイカゲームもなんでも成立させてしまう鋼太郎さんは、とんでもないお芝居モンスター。単発から7年間、一緒にこの作品を作ることができたことは一生の宝物です。

今作は秋斗との二役という挑戦もありましたね。嘘だろ！と最初は思いましたが、「おっさんずラブ」の世界だからこそ成立する挑戦だし、やるからには楽しんでやろうと。

スピンオフの「新婚初夜」、あれはもう、ただただ楽しく、ふざけてしまいました。「ポンポコポンピンパーン！」ってなんなの、そのアドリブという（笑）。でも、遺都くんのちょっと変わった、かわいいところが伝わったかなと思っています。テストや段取りでやっていたアドリブを本番だけやらないこともあったりして、「おい！」ってなったりもするけれど（笑）、遺都くんとのお芝居は本当に面白いです。

ふうふになった春田と牧のキスシーンは、オンエア上はブラックアウトして映らなくても、二人にとって自然な動きだと思ったら、役の気持ちに任せてキスしていました。3話のわたあめキスの後は、春田は半纏《はんてん》の紐を結びながら、牧は唇をぬぐいながら玄関に向かっているのですが、そこも僕らの気持ちで動きを足してみました。嘘じゃない気持ちが宿っていればいいよねと思っています。

鋼太郎さんや遺都くん、レギュラーのみんなも前作からすごくパワーアップしていました。僕も含めて、みんな体のどこかに「役」がいた5年だったんだろうなと感じます。和泉さんや菊様ともすぐに関係が出来上がって、撮影期間はご褒美みたいな時間でした。春田という役は演じていても怒りや意地悪な気持ちが全然なくて、何でも受け入れられる役。だから、現場にふらっと行ってみんなの気持ちを受けて、そこで生まれた感情をそのまま出す。お芝居をしてないのに感情が揺さぶられる。例えば8話で武蔵が死んでしまうと知って涙するシーン、他の作品ならもう少し構えて挑むんだけど、僕自身の春田としての蓄積があって相手が鋼太郎さんで、「用意スタート」ですぐに感情が湧き出てくる現場です。真っ直ぐにぶつかってきてくれる俳優陣に囲まれて幸せだなってずっと感じていました。原点というか〝帰るべき場所〟ですね。

それにしても、春田の影響力は強いです。一番伝染したのは間違えなく牧でしょうけど、わかりやすく言うと、春田は相手の幸せを常に願える人。〝牧がすべて〟となった春田は、牧とみんなを愛して、幸せにしたいとずっと願っていました。人の幸せを常に願える春田がたくさんいたら、世界はハッピーに溢れるのかもしれないですね。

たなか・けい◎１９８４年東京都生まれ。映画、ドラマ、舞台など幅広く活躍。出演作にドラマ「リバーサルオーケストラ」「unknown」、映画『月の満ち欠け』『Gメン』、舞台『Medicine メディスン』など多数。

吉田鋼太郎

——黒澤武蔵

「武蔵の持っている頼もしさと、二人の幸せを心から願う武蔵の気持ちが素直に表れていると思います」

続編をやるなら、武蔵はまだ天空不動産に勤めていると思っていたから、「家政夫」への転身には驚きました。でも、1話で春田が「ゴミ出しとか手伝ってんじゃん」と言って怒られていたように、どこの家庭でも起こりうるトラブルを脚本に入れ込んでいて共感もあるし、家事のトラブルなら家政夫・武蔵も自然に口をはさめる。それにワンランク上のユニコーン家政夫として、前回の部長同様、春田と牧に頼ってもらえるのはやっていて楽しいし脚本の勝利だと思います。

前作で、武蔵は早期退職して、春田にも牧にももう会うまいと全然違う仕事を始めて。ある日、ばしゃうまクリーンサービスの新規予約に春田か牧の名前が書いてあったんでしょうね。おそらくそこで気持ちがちょっとだけ揺らいだ。もう一回だけ顔が見たい、かも?…って（笑）。でも絶対に恋愛関係には口を挟まないし、恋愛感情を持たない、そう決意して春田宅に向かったのに、帰りにイヤーマフをつけられて…本当に春田は罪つくりです（笑）。牧のことも、前作では恋敵としてバトルを繰り広げていましたが、武蔵も役者吉田も、牧のことがどんどん好きになっていくんです。もちろん春田に対する思いとは違う、男の友情みたいな。「こいつ、いい奴だな」って思わせるところがあるんですよね。

3話で武蔵は昼顔不倫を疑うんですけど、武蔵としてはやっぱり春田がそういうことをする人間であって欲しくないという気持ちが先にくるんです。「もし二人が不倫で『昼顔』でそれで別れちゃうなんて事になったらさ、もう俺はなんのために…」ってセリフの「…」の後は、脚本にはないけれど、「俺は何のために身を引いて、お前たちの結婚を祝したんだ」という意味を込めていました。実は撮影の日、僕は体調が万全ではなかったけれど、本気でセリフが言えたし、本気で泣けたし、本当に不倫じゃなくてよかったという安堵の気持ちが湧いてきて。その後、二人は武蔵がそんな風に思ってくれていたんだって顔をするんだけど、圭と遣都が胸を熱くする表情で。本当にこの人たちはすごいなと感じました。

5話の旅館で仲居さんをやったシーンはアドリブ全開です（笑）。新婚旅行について行くって、ちょっとあり得ない状況をあり得る状況にするためにアドリブ多めです。これだから「おっさんずラブ」の監督はどこをカットするか大変で。お蔵入りしたカットだけを集めて1本作れるんじゃないかな（笑）。これもこの作品ならではですね。吐血に余命一か月の設定にも驚きました、これ実写不可能じゃない？って（笑）。医者の「嫁が『イカゲーム』っつうのにハマってましてね」って言うのを「余命一か月」って聞き間違えるなんてもう壮大なフリでしかない。やる方の身にもなってくれっていう（笑）。でも、それがこの作品の面白いところなんですよね。

それから、新キャラ。和泉と菊様は完全に確立されていましたね。井浦（新）さんは和泉を脚本に忠実にやっているだけで笑えちゃうし、（三浦）翔平は熱いものを持っている感じが侍っぽい。二人のおかげで僕らも相乗効果で芝居がどんどん面白くなったと思います。そうそう、「おっさんずラブ」のグループチャットではよく「誰それの芝居がすごかった」なんて感想を送り合ったりするんだけど、遣都は人のことはいっぱい褒めるのに、自分のことは反省してばかり（笑）。高いところを目指しているんだなと応援しています。遣都は、春田への愛情も武蔵への鬱憤《うっぷん》も全開にはしない、「出さない芝居」をします。耐えて耐えて自分の内に秘めたものが漏れ出ていく演技、というのかな。どちらかと言うと、出す演技をする人が多い中で、出す演技を受ける相手役も自分を表に出す芝居をやらなきゃいけなくなるんだけど、遣都とは彼から漏れ出た気持ちをぐっと受け止める芝居を要求される。そのストイックな演技は遣都そのもので抜群にうまいなと思います。

圭はもう相変わらずの名人芸でね。改めて圭が体を張って、みんなが仕掛ける芝居を全部拾ってくれていると感じます。撮影の間、圭がちょっと元気なかった日があって。その日は、みんなが打った球が次々外れて、芝居がうまく進まなかったところがあったそうで。「おっさんずラブ」は、いかに圭が全員の芝居を受けて、それを大きく繋げてシーンに結実させているかが肝。あの人がいないとこの世界は成立しないです。

武蔵にとって春田は愛息子になり、推しになり、牧も恋敵から春田と共に大切な人になりました。武蔵は死を覚悟して春田と牧にビデオレターを送りますが、春田へは最後に愛した人として幸せになってという想いを、同時に牧には「頼むぞ」って伝えたかったんでしょうね。9話で武蔵が「牧にできる事は、はるたんの幸せを考えてあげる事じゃないのか？」と言うけれど、ここには、前作から続く武蔵の持っている頼もしさと、今作を貫く二人の幸せを心から願う武蔵の気持ちが素直に表れていると思います。

よしだ・こうたろう◎1959年東京都生まれ。97年、劇団AUNを旗揚げ。演出も手掛ける。ドラマ・映画など話題作に出演。出演作に映画『おいハンサム!!』、舞台『ハムレット』ほか。

Interview

林 遺都

——牧 凌太

「一つ一つの瞬間が牧にとってどれだけ大きな出来事かということを真剣に考えました」

これまで演じてきたどの役にも愛情や思いがあって、心の中に大切な存在として残っていますが、その中でも牧は特別でした。牧のことをずっと思ってくださる方がいて、牧という役が自分からどんどん離れていってしまっているような、違う存在になっている感覚もあって、もうできないんじゃないかという不安もありました。でも前作を見直したら、イメージしていたよりも自分らしさが随所に出ていて。牧という人間をどう作っていったか思い返しても、前作に寄せるのではなく、牧と同じ年月を重ねてきた自分の経験や考えを投影できたらと思えました。「こんなの牧くんじゃない」と思う人もいるだろうなというのは覚悟の上で、新しい一面や、人間味が深まった部分を見せられたらと。みなさんの感想を見て、もちろん否定的な意見もありましたけど、前作にない部分を受け入れてもらったような気がしてすごくほっとしました。

　5年の間に世の中も変わり、登場人物たちにも変化があり、そんな中で彼らに人生で避けて通れない様々なことに対峙させ、ドラマを生み出すことを考えた貴島彩理プロデューサーと脚本家の徳尾浩司さんはすごいなと思います。僕自身も結婚したり子供に恵まれたりという変化があって、間違いなく人生の大きすぎる出来事でしたから、例えば2話でお義母《かあ》さんに受け入れてもらった時は、それが牧にとってどれだけ特別な瞬間か真剣に考えましたし、どのシーンも一つ一つが牧の人生の大切な出来事だということを忘れずに、気をつけて演じていました。

　牧の変化には春田さんの影響がもちろんあります。序盤で山本大輔監督が「ふうふって似てきますよね」と、どこかで牧が春田っぽさを出せたらというアイデアをくださって、なかなか真似できるような場面がなかったのですが、4話で「浮気するかもしんねーぞ?」と言われて「はあ!?」と返す顔は、圭くんの春田らしさをイメージしてやってみました。その日は山本さんが体調を崩されて、代わりに瑠東東一郎監督が現場に入られていたのですが、後で山本さんが「こういうことをやりたかったです」と言ってくださって嬉しかったです。

　今作の春田と牧の関係を、みなさんすごく優しい気持ちで見てくださったと思うのですが、それは圭くんのお芝居のすごさで、僕は負けないように食らいついていただけです。圭くんは頭の回転が速くて天才肌で、お芝居をする時も視野が広くて、懐が深い。何気ない日常のシーンは呼吸を合わせていくとスッと決まりますし、ドラマの中で大事にしなければいけないシーン、ちゃんと届けなければいけないことは現場で話し合える。あらゆる面ですごい方だなと思います。

この作品の一番の軸は、田中圭さんと吉田鋼太郎さんの役者としてのすごみ。久々にご一緒して面食らいましたし、もっと研ぎ澄まさないと、と最後まで必死にやるだけでした。鋼太郎さんから出てくる言葉や体の動きを観察して盗みたいと思っていましたし、１話のポリバケツに叫ぶ場面は20回くらい見返しました。鋼太郎さんが心の声を独白したらそれはシェイクスピアで、芸術。抑えようとして出てしまった「はるたあぁぁぁん!!」の声量や蓋を開けたら声が返ってくる演出が、武蔵の中に制御不能な声という生き物がいるようで感動しました。奇跡的だし、伝説的なシーン。鋼太郎さんとお芝居ができるこの幸せな時間を大事にしたいと改めて思いました。

おっさんずのグループチャットでその話をしたら、鋼太郎さんが「45年の役者人生で経験したことや身につけてきたものを繋ぎ合わせているだけだから。３話の最後に３人で演《や》ったシーンでの春田と牧、圭と遺都のほうが真実だよ」とおっしゃって。そのあと眞島秀和さんと、自分たちが今の鋼太郎さんと同じ年齢になった時に同じことができるかと言われたら絶対できないし、あの返答をする鋼太郎さんがかっこいいねという話をしました。そんな眞島さんはイン初日、結婚式のシーンの段取りから感情が仕上がっていて、僕はその姿にも気を引き締めなければと思わされました。眞島さんは武川のどんな行動も、武川という人が生きてきた中での出来事だと思わせるお芝居をしていて、バチェラーで緊張して名前を言い直すところとかも実際ああいう人はいると思わされてリアルでした。結婚式のスピーチ、僕はけっこう泣けました。

最終回を迎えて、やっぱり「おっさんずラブ」の魅力は春田そのもので、春田の、誰かの幸せを願って生きることで自分自身の日々も良い方向に向かうという生き方が、作品世界に愛をもたらしていると思いました。そこには周りの人が笑顔になること、輝くことばかり考えている圭くんの人柄が存分に盛り込まれていて。現実世界はいろいろあるけれど、春田をきっかけに生まれる温かみのある出来事や優しい気持ちが、世界中に少しでも広がってゆけばいいなと願います。そして牧は、そんな春田さんを好きなんだと感じます。

はやし・けんと◎１９９０年滋賀県生まれ。２００７年、初主演映画『バッテリー』で日本アカデミー賞ほか多数の新人賞を受賞。出演作に映画『身代わり忠臣蔵』『隣人Ｘ－疑惑の彼女－』、ドラマ「VIVANT」、舞台『浅草キッド』など多数。

人物紹介

「天空不動産」東京第二営業所 係長

春田創一（39） はるた・そういち

―― 田中 圭

牧凌太の夫。 シンガポール転勤を経て帰国した牧と、夢のイチャイチャ新婚生活を期待していたが、いざ一緒に暮らし始めると、共同生活の難しさや価値観の違いに直面。仕事面では、相変わらず街に愛されていて営業職を引き続き担当。係長に昇進し、部下の育成なども任される。しかし、ちょこっと優しく注意しただけでハラスメントと言われてしまう時代や、完璧主義すぎる武川新部長と自由な部下たちを相手に、中間管理職として悩みは尽きない。やがて牧だけではなく周りのみんなを幸せにしたいと願うようになり、40歳手前にして働き方に惑い始めて…。そして、「家族になるとは一体どういうことでしょうか――？」という新たな課題に立ち向かうことに。

5月5日生まれ　牡牛座　O型　178㎝
結婚記念日：2月14日
ハマっているもの2024：すみっコぐらしのグッズを集めること

「ばしゃうまクリーンサービス」
ユニコーン家政夫 兼 エリア統括部長

黒澤武蔵（61） くろさわ・むさし

―― 吉田鋼太郎

「天空不動産」東京第二営業所の部長だったが、謎の早期退職を経て音信不通に――。と思いきや、ある日突然、春田と牧の新居に“家政夫”として降臨。なんと「ばしゃうまクリーンサービス」に再就職を果たし、第2の人生を歩み始めていたのだ。そのプロフェッショナルな仕事ぶりに世界中からオファーが殺到しており、最高ランクである“ユニコーン家政夫兼エリア統括部長”を務め、部長じゃなくなったけど、「部長」と呼ばれる日々を過ごしている。“はるたんラブ”はどこへやら、どこまでもビジネスライクな家政夫ぶりを貫くが、徐々に、牧に対して「ほこりが溜まっている」だの「味噌汁が薄い」だの、なにかと姑みを帯びはじめ…？　春田と牧の幸せを誰より願っており、バツイチである経験も高じて、小さなことですれ違ってしまう2人を繋ぎ、「家族」の在り方を提示してゆく。

6月13日生まれ　双子座　O型　174㎝
ハマっているもの2024：近所に小さな畑を借りて野菜を育て始めました

「天空不動産」本社　ホテルリゾート本部 課長

牧 凌太（31）　まき・りょうた

——— 林 遣都

春田創一の夫。 シンガポール転勤からこのたび帰還。優秀がゆえにホテルリゾート本部で課長に昇進するものの、会食や出張が多く、激務の日々を送る。周りについていくため、資格取得の勉強に勤しんだりと悩みは尽きない。そんな日々の中、改めて春田が癒やしと支えになってゆく。が、たまに会社ですれ違うと、春田が下の名前で呼んだりスキンシップを求めてくるのは心底イヤ。 嫌いな言葉は公私混同と泥酔。新婚生活は、二人でゆったり静かな時間を過ごせると思っていたが、春田に疲れるイベントに誘われたり、ホームパーティーを所望されたりと、結婚したとはいえ自立した関係性を求めていた牧は不満が募る。相変わらずなかなか素直になれず、勝手に一人で抱え込みがちだが、その一方で春田への深い信頼ゆえ、はっきり自身の本音を伝えられるようにも。

11月1日生まれ　蠍座　A型　173㎝
結婚記念日：2月14日
ハマっているもの2024：寝る前に世界の美しい秘境の動画を見ること

「天空不動産」東京第二営業所 部長

武川政宗（50）　たけかわ・まさむね

——— 眞島秀和

第二営業所の部長に昇進するも、過去の黒澤の存在感が強すぎて、「部長」と呼んでもらえない。コンプライアンスとハラスメントには人一倍口うるさい。嫉妬からゴミ箱を蹴るのは卒業した。相変わらず恋活に精を出しているものの完全に恋愛迷子で、SNSに病んだつぶやきを投稿。さらに、アプリで詐欺にひっかかり、果ては恋愛リアリティーショーに出演。レッドカーペットでダダスベリし、最初のカクテルパーティーでも爪痕を残せず即脱落。結婚する気は皆無だが今後の人生に漠然とした不安はあり、牧を「最高の元カレ」と再認識、未来の「おむつパートナー」を探している。りんごゼリーが好き。

10月31日生まれ　蠍座　A型　180㎝
SNS裏アカ：天空のマサムネ
ハマっているもの2024：毛づくろい、庭いじり（滝を作りたい）

「西園寺弓道場」主宰
栗林蝶子(56)　くりばやし・ちょうこ
―― 大塚寧々

黒澤武蔵の元妻。現在は栗林歌麻呂と結婚して義母・市《いち》と二世帯同居中。西園寺弓道場を経営し、弓道教室を開いていて、そこに和泉が通っている。マロとの年の差婚の壁はいったん乗り越えたものの、義母が自分より10歳年下なことに衝撃を受け、渡鬼《わたおに》嫁姑争いが冷戦状態に。そんな息苦しい状況から逃げ出すかのように、ベトナムアイドル「4（フォー）チミン」にドハマりしてしまい、ライブはもちろん全通、グッズや配信などに重課金していて、金遣いが荒くなったとマロに心配されている。武蔵とは離婚後も仲がよく、いい相談相手。一線を越えた親友関係を築いている。

7月2日生まれ　蟹座　B型　156cm　ハオ推し
ハマっているもの2024：4チミン＆ハイ4ンの布教活動

通称“マロ”。モンスター新入社員はすっかり卒業し、本社に異動してからはわりと出世している。なんなら英語と中国語もペラペラ。年の近い牧と同じ部署で働くうちに、話が合うようになり、最近は二人でよく仕事や家庭のことを語り合っている。家庭では完全なるスパダリであり、家事分担もしっかりこなし、トイレ掃除や風呂掃除も好きらしい。自分の担当を蝶子に代わってもらった時は、花をプレゼントしてストレートに感謝を伝える。結婚してもなお、蝶子への愛は重く、すぐ嫉妬してしまう。二世帯同居中の母・市と蝶子の折り合いの悪さに悩んでいる。

3月3日生まれ　魚座　AB型　179cm　F推し
ハマっているもの2024：フリースタイル（ラップ）

「天空不動産」本社　ホテルリゾート本部 社員
栗林歌麻呂(29)　くりばやし・うたまろ
―― 金子大地

広告代理店「電博堂」営業部 社員

荒井ちず（33） あらい・ちず

―― 内田理央

春田の幼なじみ。大手広告代理店「電博堂」営業部勤務。衝撃のスピード婚…からの出産、からのスピード離婚を経て、現在はシングルマザーに。3歳になった息子（吾郎）を育てながら、復職して多忙な日々を送っている。相変わらず牧の親友で、よき相談相手。共働きで忙しい春田と牧に、自分が利用している「ばしゃうまクリーンサービス」を紹介したのもちず。仕事上、ホテルリゾート本部の牧やマロと関わることも。いつも明るい笑顔を見せているが、多忙がゆえに息子の世話を兄ふうふに任せてしまうことへの自責や、ワンオペ育児に押し潰されそうになる夜もある。

7月24日生まれ　獅子座　O型　166㎝
ハマっているもの2024：吾郎と野球観戦デビューしました

「居酒屋わんだほう」店主

荒井鉄平（44） あらい・てっぺい

―― 児嶋一哉

ちずの兄で、春田にとっても兄貴分的な存在。舞香と結婚し、4人家族となった。シンママとして働く妹・ちずの息子・吾郎を預かることも。変な居酒屋新メニューと、全く売れないソングも健在。いつか武道館でライブをやるのが夢。

2月14日　水瓶座　O型　177㎝
ハマっているもの2024：三線

「天空不動産」東京第二営業所 社員

荒井舞香（51） あらい・まいか

―― 伊藤修子

鉄平と結婚し、娘（楓香）と息子（銀平）の母となり、現在は4人家族に。ちなみに、娘のあだ名は「フウフウ」。義理の妹となったちずとも仲良し。出産後の休業から復職し、今も変わらず春田と一緒に働いている。

12月24日生まれ　山羊座　AB型　156㎝
ハマっているもの2024：無地のジグソーパズル

「天空不動産」東京第二営業所 中途採用

和泉 幸 (45) いずみ・こう

——井浦 新

第二営業所に中途採用で入社した謎の男。何やらぽんやりしており、エクセルも扱えない、ポスティングの手際も悪く、ランチの買い出しを頼んでも意味不明なラインナップを購入、パンを焦がして火災報知器を鳴らすなど、驚きのぽやぽやぶりを発揮。春田が必死に優しく教えるが、フリーズしてしまったり、突如涙をこぼしたりと情緒不安定。周りが春田のパワハラではないかと揶揄《やゆ》するなど、手の掛かり過ぎる年上の部下。しかもなぜか春田と牧の新居の、隣の家で暮らしていることが発覚。秘密も多く、不思議でつかみづらい雰囲気だが、礼儀正しく心優しく、ちょっと天然。好きな食べ物はチーズ。趣味は弓道で弓道場に出没しがち。ある日、春田家の前で血まみれで倒れ、朦朧《もうろう》として春田の唇を奪ってしまう…⁉　実はその正体は、元公安警察官。殉職した恋人・秋斗（同じく公安警察官）が春田にそっくりで、秋斗を殺したテロ組織への復讐のみが今の生きる目的。

3月20日生まれ　魚座　B型　183㎝
ハマっているもの 2024：瞑想、ゲンタイ（現行犯逮捕）

移動式おかかおむすび専門店「おむすびごろりん」店主

六道菊之助 (38) りくどう・きくのすけ

——三浦翔平

春田と牧の新居の隣で和泉と同居しているが、とにかく謎が多い。生真面目でどこか昭和の男気あふれるような、軍人気質な硬派な男。天空不動産や弓道場の付近でもおむすびを販売しており、女性たちから「菊様」と呼ばれモテている。なお、「おむすびごろりん」のメニューは、おかかおむすびのみで、サイズはショート、トール、グランデ。休日には、和泉もおむすび作りを手伝うが、どう握っても三角にならず、丸くなってしまう（菊之助談）。実はその正体は、現役の公安警察官。和泉の元部下でもあり、和泉が警察を辞めるまでの２年間バディも組んでいた。実は、警察学校時代、教官だった和泉に恋をしたのだが、同期であり親友でありライバルでもある秋斗に全て持っていかれ、自分の心に蓋をした。復讐の返り討ちで怪我ばかりの和泉を支えながら、今も自分を弟のように扱う和泉に対し、本音を言えないまま過ごしている。

9月9日生まれ　乙女座　A型　181㎝
ハマっているもの 2024：薬膳料理、瓦割り

和泉の元恋人

真崎秋斗 (享年35)

まさき あきと

——田中 圭

9月23日生まれ　天秤座　A型　178㎝

殉職した公安警察官。和泉の恋人であり、バディ。菊之助とは同期。警察学校時代は成績は断トツ。不遜な態度が目立つが、実は消灯時間が過ぎても勉強する隠れた努力家。天涯孤独で養護施設出身。幼少期はテレビで刑事モノを好んで見ており、「カッコいいヒーローになりたいと憧れた」と菊之助に語っていたらしい。性格は生意気で悪戯な小悪魔。クレープやイチゴジャムコッペパンなど甘ったるいものが好き。

人物相関図

元恋人

春田・牧家

黒澤家

黒澤武蔵（61）

「ばしゃうまクリーンサービス」
ユニコーン家政夫 兼 エリア統括部長

はるたん
LOVE♡

春田創一（39）

「天空不動産」
東京第二営業所 係長

ふうふ

牧 凌太（31）

「天空不動産」本社
ホテルリゾート本部 課長

永遠のライバル

和泉・六道家

真崎秋斗（享年 35）

殉職した公安警察官
和泉の元バディ

元恋人

和泉 幸（45）

「天空不動産」
東京第二営業所 中途採用
実は元公安警察官

?

六道菊之助（38）

移動式おかかおむすび専門店
「おむすびごろりん」店主
実は公安警察官

栗林家
栗林歌麻呂(29)
栗林蝶子(56)
ふうふ
「天空不動産」本社
ホテルリゾート本部 社員
「西園寺弓道場」主宰
「4チミン」のハオ推し
栗林 市(46)
マロ母。「4チミン」のトゥアン推し
武川家
武川政宗(50)
信玄
愛猫
「天空不動産」
東京第二営業所 部長
元ふうふ
兄妹
荒井鉄平(44)
荒井舞香(51)
ふうふ
荒井家
「居酒屋わんだほう」
店主
「天空不動産」
東京第二営業所 社員
銀平(2)
長男
楓香(3)
長女
荒井ちず(33)
吾郎(3)
長男
広告代理店「電博堂」
営業部 社員

馬場園梓（栗林市役） 佐藤大空（吾郎役） 安田月姫（楓香役） 土屋賢人（銀平役） にぼし（信玄役）

What is family ?

幸せな家族になれますように

左手の薬指におそろいの指輪をつけて、
遅れてきた新婚生活を歩み出した春田と牧。
お互いに“好き”という気持ちが揺らぐことはなく
いつもあふれているのに、日常という現実は
それだけじゃどうにも立ち行かないようで…。
結婚はゴールじゃない。
そして本当に大好きな人を大切にしたい。
牧との幸せ、そして武蔵やみんなの幸せを心から祈る
春田が辿り着いた「幸せな家族」とは── !?

A HAPPY
NEW LIFE

春田と牧の最高にハッピーな新婚生活のはじまり

3 年半ぶりに牧がシンガポールから
帰って来た！　なのに寝坊して
空港でも本社でも会えなくて。だけど、
あの階段上がったところで会えた！

#1

(春田)空港まで迎えに行ったんだけど
ギリギリ寝坊して
会えなかった…。

(牧)じゃあ電話してくれたら
よかったのに。

スマホ忘れた。

何やってんすか。

牧、おかえり。

ただいま。

#1

牧が頑張ってる事、
世界で一番俺が知ってるから。
だから牧の事めちゃくちゃ応援してるけど
無理はすんなよ、マジで。

家事の分担で牧を怒らせてしまったけれど、
もっと一緒の時間を過ごしたかっただけで…。

#1

大好きな牧と幸せな家族に
なれますようにーーーっ!!

やれよ！ 凌太。
うるせえ、創一。

俺も一緒だよーーーっ!!

牧にマフラーをもらい、そのまま初詣へ。
神様の前で願い事をする二人。

#1

まーきっ！
寒いからカイロ持ってきた。
それだけのために？
うん。

天気予報で夜にかけて雪が降ることを知った
春田は、今日も残業している牧を迎えに行く。

WORDS
OF LOVE

春田と牧の言葉にあふれる「好き」の気持ち

#3

当たり前でしょ。

俺の一番は春田さんですから。

武川の「いつでも戻ってこい」に対して、
牧は迷いなく想いを口にする。

#3

だけど俺と牧ってさ、
どっちから好きに
なったんだっけ？
春田さんでしょ。
えっ嘘！ 牧でしょ？
俺、もうあの時、
好きだったのかな？

わたあめを食べながら、
嫉妬宣言からの
甘くてちょっぴりベタベタなキス。

#4

ねえ牧はさ、明日の夜から
また俺を独りぼっちにしてさ、
心配じゃないの？
えっ？

俺、浮気するかもしんねーぞ？

はあ⁉

春田の与太話に取り合わず、変顔で
対抗する牧。春田への信頼の証。

あの頃は、一緒にいても苦しいことが
たくさんあった。でも、ふうふになって
もう迷いなく想いを言葉にできるからこそ、
どんどん「深く」なる二人の愛の言葉まとめ。

＃5

心が広いっていうか
優しい人なんで。
ポンコツで鈍感で無防備で…
イラッとする事も多いんですけど
一緒にいると、
ホッとするんですよね。

失くした指輪を探しに行った道すがら
牧が和泉に言ったこと。

＃5

ごめんなさい。
大事なものなのに…。
違う違う！ そうじゃなくて！
そんなのより
牧のほうが
何万倍も大事に
決まってんだろ⁉

新婚旅行の途中で指輪を失くした牧。
泣きながら謝る牧に春田は…。

＃7

一生一緒に…。
(和泉)いてくれや？
はい…そんな感じです！
俺にとっちゃ
牧が全てっていうか…。

「牧さんはどんな存在ですか？」という
突然の和泉の質問に対して。

HOPE YOU
(&MAKI)
HAPPY

今や推しであり愛息子。武蔵が望んでいるのは春田（と牧）の幸せ

#1

（武蔵）日々お互いを知り、許し合い、認め合う…。
そうやって、だんだん家族になっていく。
新婚生活というのは
家族になるための
入り口みたいなもの
なんじゃないでしょうかね。

武蔵が蝶子との新婚生活を振り返って。
好きな食べ物も趣味も違っていたけれど…。

#3

この気持ちに名前を付けるとすれば
姑…。つまり春田家の姑。
なるほど。
ガッテン　ガッテン　ガッテン　ガッテン！
ガッテン　ガッテン　ガッテン！
つまりこれからは、親のような気持ちで
愛息子・はるたんを愛し、
見守っていけば
いいという事か。
うん。黒澤武蔵、納得！

なぜだかいとモヤモヤ、いとムカムカする
気持ちを蝶子に相談したら、ガッテン！

#3

だってさ…もし二人が不倫で
『昼顔』でそれで別れちゃう
なんて事になったらさ、
もう、俺はなんのために…。
うわあーーーーん…！
春田と牧が幸せで
いてくれさえしたら
それでいいんだからさ…

「禁断のW昼顔不倫」
を疑った武蔵が、
春田と牧に証拠の
写真をぶちまけて…。

文藝春秋の新刊

4

2024

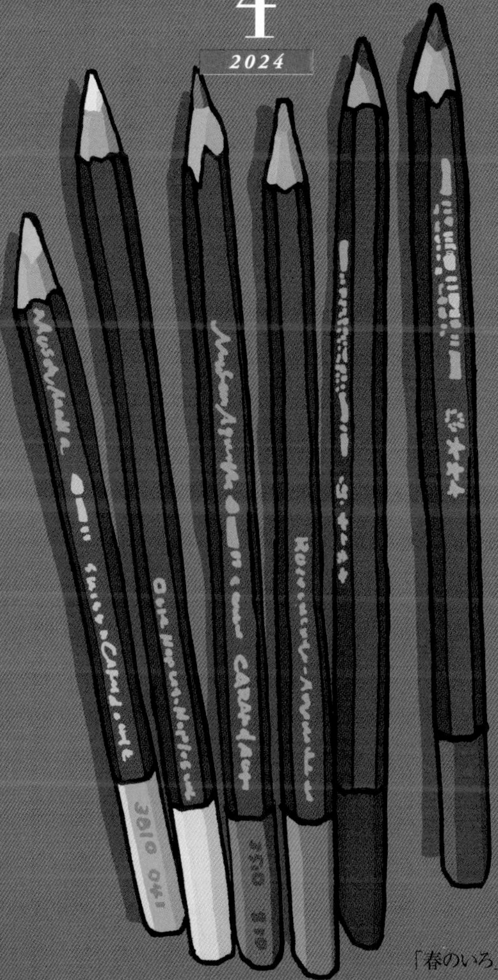

「春のいろ」©大高郁子

●映画監督の毎日は、平凡で、ドラマチック（ときどき爆笑）

ハコウマに乗って

西川美和

コロナ、オリンピック、新作映画公開から日常のささやかな一コマまで。大人気映画監督が、悩み、笑い、書いた、等身大の５年間

◆４月５日
1980円
391825-9

●愛と裏切りと、衝撃の真実！

火の神の砦

犬飼六岐

時は室町。陰流の祖・愛洲久忠は、幻の名刀青江に導かれ、女だけの隠れ里に辿り着く。女刀鍛冶たちに「守ってほしい」と懇願されて

◆４月８日
1980円
391826-6

●あなたのセンスが良くなる本！　哲学三部作のラストを飾る一冊

センスの哲学

千葉雅也

センスとは何か、センスの良さを変えることはできるのか。絵画、小説、映画、美術など諸芸術を横断しながらその本質に迫る芸術入門！

◆４月５日
1760円
391827-3

●貨物列車に乗らなくては見えない風景がある

貨物列車で行こう！

長田昭二

鉄道ファン２００万人の中でも岩盤と呼ばれる「貨物」のファン。彼らが悶絶必至の激レア写真１０５点を掲載した、貨物鉄のバイブル

◆４月９日
1980円
391828-0

◆発売日、定価は変更になる場合があります。
表示した価格は定価です。消費税は含まれています。

俺、勇者じゃないですから。6

VR世界の頂点に君臨せし男。転生し、レベル1の無職からリスタートする

原作・心音ゆるり　漫画・伊咲ウタ

の存在を明かしたSRとその仲間たちは隣国・リュウトのダンジョン攻略へと旅立つ！

コミック
◆4月25日
858円
090167-4

異世界王朝物語 1

～転生したらネクロマンサー扱いされているわけだがそれも悪くないかと思い始めた～

●臨死体験をしたせいで幽霊が見えるし会話もできる!?

原作・渡辺 進　漫画・横山ひろと

転生した際に「幽霊が見える、会話ができる」体質になりネクロマンサーと呼ばれることに!!　異世界でどうなっちゃうの!?

コミック
◆4月26日
792円
090168-1

詐欺師的異世界生活 1

～詐欺の技術で世界一の商人を目指します～

●元詐欺師による異世界ビジネスコメディ開幕!?

原作・叶 ルル　漫画・犬飼ビーノ

日本で詐欺師だった主人公・ツカサは、追われて刺され、海に落とされてしまうのだが……気がついた先は、なんと異世界だった？

コミック
◆4月26日
792円
090169-8

おはよう、しっぽ

●そろそろ、脱・自虐!?

川瀬はる

「異物」はいらない？　佐々木ムギ33歳しっぽ有。自虐の日々が少しずつ変わってく——親子で泣いたと話題のコミック連載が一冊に！

コミック
◆4月30日
990円
090170-4

4月の新刊〉

発売

女絵師の一生を描ききった直木賞受賞作！

星落ちて、なお

澤田瞳子

891円
792195-8

紺屋町で道の真ん中に落ちていた腕の持ち主は？

耳袋秘帖 南町奉行と酒呑童子

風野真知雄

792円
792196-5

おれには、はなから母親がいない、そう考えるのだ——

娘の命を救うために不可能に挑んだ家族の物語。6月、映画公開！

アトムの心臓

「ディア・ファミリー」23年間の記録

清武英利

770円
792200-9

若き日の安倍晴明が事件に挑む！ 話題映画のノベライズ

陰陽師0

原作・夢枕獏 映画脚本・佐藤嗣麻子

748円
792201-6

演劇人やミュージシャンが夢を追う街が舞台のミステリ！

●英国エリートに伝授される奥義を全公開

英国エリート名門校が教える最高の教養

ジョー・ノーマン　上杉隼人訳

ゼン〉とは。エト
ス＝論理、パトス＝感情を揺さぶ
れ。読書ガイド114冊つき

◆4
19
39

●50周年記念刊行長篇第2弾!

ビリー・サマーズ 上下

スティーヴン・キング　白石 朗訳

凄腕の殺し屋ビリーが受けた「最後の仕事」。なんと標的を待つために小説家を装うことに!? 巨匠の企みに満ちたクライム・ノベル

◆4月8日
各2970円
391831-0
391832-7

●池井戸潤最新長編!　逆境を、越えてゆけ

俺たちの箱根駅伝 上下

池井戸 潤

古豪・明誠学院。本選を2年連続で逃した崖っぷちチームを率いる青葉は、故障を克服し最後の箱根に賭ける。若人の熱き戦い、始まる

◆4月22日
各1980円
391772-6
391773-3

●闇のコンサルタント・水原を描く〈魔女〉シリーズ最新刊

魔女の後悔

大沢在昌

13歳の少女の警護を任された水原。次々現れる刺客が狙うのは亡父の莫大な財産……のはずが、実は少女が水原の子だと告げられる

◆4月19日
2420円
391833-4

●映画『陰陽師0』公式ビジュアルブック

映画ビジュアルブック「陰陽師0」の世界

夢枕 獏　映画「陰陽師0」製作委員会

映画「陰陽師0」の魅力を、主演の山﨑賢人はじめキャスト陣が躍動する場面スチール写真によって紹介する公式ビジュアルブック

◆4月19日
2420円
391834-1

●ピュアすぎる男たちの純愛ラブストーリー

金曜ナイトドラマ「おっさんずラブ-リターンズ-」公式ブック

監修・テレビ朝日

大人気ドラマの公式ブック発売決定。田中圭・吉田鋼太郎・林遣都の撮り下ろしグラビア&インタビュー他作品を楽しみ尽くす企画満載

◆4月25日
1760円
391836-5

●俺は魔王になる!

ちょっとだけかき回してしまったけど、
春田と牧に「愛する人の幸せを願う」
ことを教えてくれていた武蔵。
忘れられないメッセージまとめ。

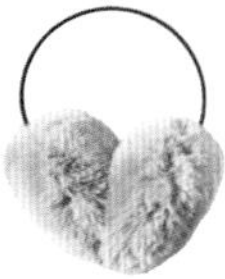

エヘン エヘン エヘン。

エヘン虫。

#6

かわちい！
「かわちい」って言って。せーの！
かわちい！
ひゃっ…語彙力失いました。
しんどい…。ああ…しんどい。
もう 推しが尊すぎてしんどい。
しんどい…。

牧の代わりにタキシードの試着に同行した武蔵。
はるたんのあまりのかわいさに、気持ちが炸裂！

#6

少なくとも私の時計の針は、
退職したあの日から
ずっと止まったままです。

和泉と離れるために家を出たと言う
菊之助に、実は春田が好きだったけど…
と話し始める武蔵。

#8

「はるたん、君と出会えて、僕の人生は
本当に彩り豊かで楽しいものになりました。
はるたんは太陽みたいな人だから、
まぶしくてキラキラしていて…
そして最後の最後まで優しくて…
そんなはるたんが
僕は本当に好きでした。
そう…僕は…今でも
はるたんが好きです。
はるたんも、もう40なんだから、
健康にはちゃんと気を使って
牧の言う事を聞いて、だらしない
生活とはもうさよならするんだぞ。
では、本日は黒澤武蔵が
担当致しました。
ありがとう。さようなら、はるたん。」

武蔵から春田へのメッセージ。壮大な勘違いから
生まれた、今の武蔵の本当に正直な気持ち。

#8

俺だってさ…もっと生きたいよ！
もっと生きて…はるたんと牧の幸せを
そばでずっと見ていたいよぉーーーっ!!

追いかけてきた春田に
涙ながらに叫ぶ武蔵。
好きな人たちの
幸せを切に願う…！

YOU MELT
MY HEART

絶望の中にいた和泉が春田と出会って取り戻したもの

#2

お前…生きてたのか…。

相変わらず、うるせえ唇だな…。

血まみれの和泉の元へ駆けつけた春田のマフラーを引っ張ってキス。

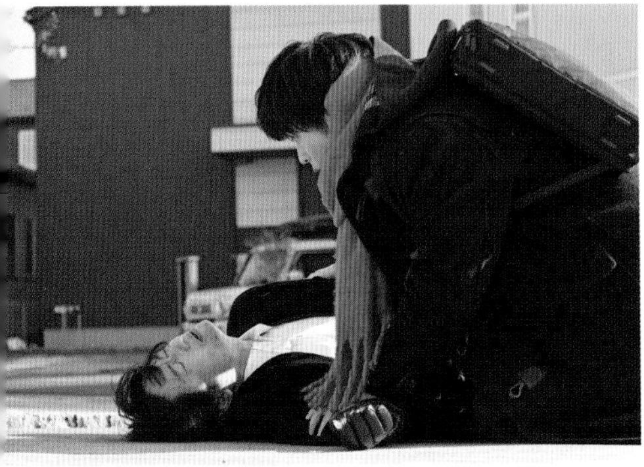

#1

過去に戻るにはどうすれば…。

人生もコントロールZできたらいいのに…。

中途入社してきた和泉は秋斗にうり二つな春田を見て、驚きを隠せない…。

#4

蝶子先生は

絶望した事ありますか？

人生のどん底。私は多分まだ、
キャベツ…切ってます。

蝶子も自分が絶望した時＝武蔵に離婚したいと突然言われた時のことを話し始める。

#6

なあ菊。

好きになったのかもしれない、春田さんの事。

あっ…、あっいや違う。
秋斗だ…秋斗の間違いだ。
何言ってんだ、俺。

「俺はもう春田さんのこと秋斗だと思っていない」という和泉の言葉に安堵する菊之助だが…。

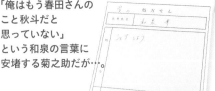

#7

あんたさ…ダメだって！
そういうの！

俺を殺す気かよ…。罪人め！

不用意に距離を縮める春田にさすがの和泉も我慢できなくなって。

違う人間だと頭ではわかっている。
でも同じ顔、同じ声で笑いかけられると
永遠に失った人が戻ってきた気がして。
絶望から光を見つけた？和泉の揺れる気持ち。

＃7

家族？　どうでもいいだろ。
あんたらに俺と菊の何がわかるんだよ⁉

菊之助の負傷の知らせに
病院に駆けつけた
和泉だが、「家族以外は…」
と看護師に止められて。

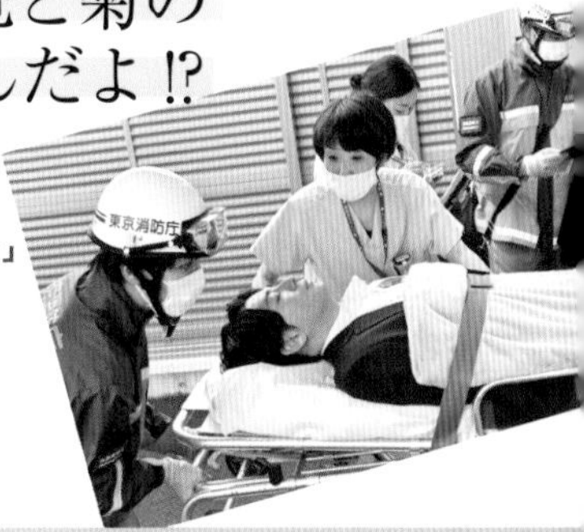

＃8

秋斗とうり二つのあなたに出会った時、
私の心はもっと苦しくなりました。
運命はなんて残酷なんだろうって。
でも、春田さんは春田さんで、
なんていうか日だまりのように優しい人で…。
復讐する事だけを考えて生きてきた私に、
**前に進む事の大切さを
教えてくれたのは
春田さん、あなたでした。**

月命日に春田とお墓を訪れて。ずっと秋斗の
死を受け入れられずにいた和泉だったが…。

＃9

長年凍っていた私の心は、
日だまりのような春田さんが
溶かしてくれました。
春田さんには一緒に働く
仲間やお客様を
**ポカポカ温めてほしいです。
あなたにはそれができます。**

天空不動産を退社することに決めた和泉が、
春田と挨拶回りに行った帰りに。

真崎秋斗と公安ずラブ

俺、和泉教官の事、
好きかも。
逮捕するわ。

お前みたいな
命令聞けねえ奴から
先に死んでいくんだよ。

じゃあ、
死んできます。

天才なんで。

いつまで俺の事、
ガキ扱いして
るんすか？
もう、あんたの
生徒じゃねえんだよ。

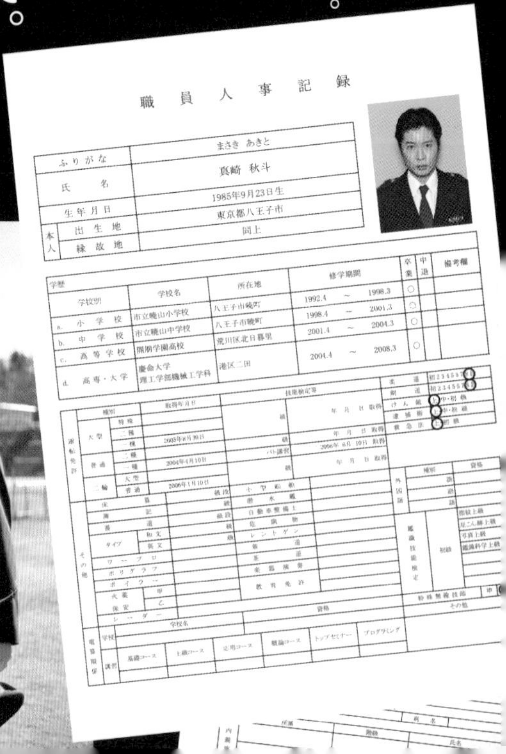

職員人事記録

ふりがな		まさき あきと
氏名		真崎 秋斗
生年月日		1985年9月23日生
本人	出生地	東京都八王子市
	縁故地	同上

学歴						
学校別	学校名	所在地	修学期間	卒業	中退	備考欄
a. 小学校	市立暁山小学校	八王子市暁町	1992.4 ～ 1998.3	○		
b. 中学校	市立暁山中学校	八王子市暁町	1998.4 ～ 2001.3	○		
c. 高等学校	開期学園高校	荒川区北日暮里	2001.4 ～ 2004.3	○		
d. 高専・大学	慶命大学 理工学部機械工学科	港区二田	2004.4 ～ 2008.3	○		

技能検定等

運転免許
大型 特殊
二種
一種 2005年8月30日
普通 二種
一種 2004年4月10日
二輪 大型
普通 2006年1月10日
2008年6月10日 取得

柔道 初2345678段
剣道 初2345678段
けん銃 上・中・初級
逮捕術 上・中・初級
救急法 上・初級

その他
珠算 簿記 書道 タイプ 和文 英文 ワープロ ポリグラフ ボイラー 火薬 甲 乙 保安 レーダー
小型船舶 潜水艦 自動車整備士 危険物 レントゲン 華道 茶道 栄養調査 教育免許

外国語
鑑識技能検定 初級 指紋上級 足こん跡上級 写真上級 鑑識科学上級

電算関係 学校 学校名 資格
講習 基礎コース 上級コース 応用コース 概論コース トップセミナー プログラミング

好きな人、いないんすか。

クソガキ。

和泉さーん、寝てんの!?
もう俺、先行っちゃうよ。
俺一人で十分だから。

抑えろよ、心拍数。
そんな怖い顔
しないの。

和泉さん、
シャムは
こう取るんだよ。

来るな!

秋斗…!
秋斗…!

BITTERSWEET TRIANGLE

菊之助と和泉の三角形の切ない片想い

#3

(菊之助)そろそろ前を向いてもいいんじゃないですか？

…向いてるよ。

秋斗の墓前で、菊之助は墓石に手を合わせているが、和泉は墓石から目を逸らしたまま何かを考えている。

#4

絶対に許さねえ。必ずこの手で…。

もう過去に縛られるのはやめてください。

冗談だよ。心配すんな、弟。

秋斗の墓前で。菊之助は武蔵に公安だと告白、和泉は春田に秋斗との関係を伝えたと話して。

#5

秋斗が死んでから、
本当は悲しいはずなのに
心のどこかではホッとしてる自分がいたんです。
これで…これでやっと順番が回ってくるって…。

バカですよね。
好きになってもらえる
わけないのに…。

熱海の旅館の宴会場で、酔った菊之助が涙ながらに黒澤と春田に本音を語り始めて。

#6

明日、和泉に自分の気持ちを
伝えようと思います。
ここまでずるずるきたのは

結局、弟のポジションを
失うのが怖かったんです。

和泉と暮らす家を出た菊之助は武蔵に誘われて彼のマンションへ。

和泉が警察学校で教官だった時に
生徒として出会った秋斗と菊之助。
永遠に秋斗を失っても
「三角形」はそのままで…。

#7

ねえ、和泉さん。
あなたはもう自由に
生きていいんです。

すみません…。
ずっと好きでした。

秋斗の復讐を果たし、
負傷した菊之助。
心配して駆けつけた
和泉と病院の屋上で…。

#9

お前がいないと、なんか…。
全然落ち着かねえんだ。
ああ、クソッ…。なんだよ。

それって俺の事、
好きって
事ですか…?

「春田を幸せにする会」を
抜け出してきた神社で、
久しぶりに和泉と菊之助は
二人きりに。

#9

命令出たら、俺撃ちますよ。
和泉さん久々で、腕なまってるでしょ。
ああ、まったく…

生意気な唇だな。
もう、弟じゃねえんだろ?

港近くに停車中の車内には、黒スーツ姿の
菊之助と公安警察に復帰した和泉が──。

みんなが教えてくれたこと

職場でちょこっと出世したり、
家庭をもったりと5年分前に進んでいる、
みんなからの宝物のような言葉たち。

#6

まあ、趣味が合うのもいいけどさ、
多分大事なのはそこじゃ
ないんだろうな。喧嘩したり
歩み寄ったりしてるうちに
自然と二人だけの価値観が
生まれてくるんだよ。
だから、今は足並みが
そろわなくても心配すんな。
元気出せ！ 春田。

マリッジブルーなの？と悩む
春田に、珍しくふざけずに
相談にのって
くれた鉄平兄。

From 鉄平

#1

付き合ってる時は
楽しいだけでいいけどさ、
一緒に暮らしていくって
やっぱ大変な事じゃん？

仕事や育児で大忙しなのに、
いつも話を聞いて春田と牧に
寄り添ってくれるちず。

From ちず

#6

大丈夫。この仕事は
他に代わりが利きますけど、
春田さんには牧さんしか
いないでしょ⁉︎
行け。行けー‼ 任せろ！

結婚式前夜の残業時、家で待っている
春田のところへ急いでと牧の背中を
押してくれる。

From マロ

#1

まあ、自分の代わりにやって
もらう事とかあるんで、
そういう時は蝶子の
一番好きな花を買って
「ありがとう」って渡します。
感謝の気持ちはちゃんと
表現しないと伝わんないっす。

春田との家事分担に悩む牧に、
スパダリに成長したマロが、
気持ちを表す大切さを話してくれた。

#9

私がキャベツを切らなくなったのは、マロが全部包み込んでくれたからなんだけど、うーん…そういう存在に気づけるかどうか、かな。
幸せの中にいると、自分が幸せだっていう事に気づきにくいでしょ？

春田の会で「幸せってなんでしょうね？」と言う和泉に蝶子が語ってくれたこと。

From 蝶子

#6

世間一般のふうふのように法的な根拠があったとしても、その愛が永遠に保証されるわけじゃない。
お前たちのように、**仲間の祝福を受けるだけでも俺は十分だと思う。**
お前たちの幸せを心から祝福する。

結婚式の出欠を聞きに行った春田に、想定外の真摯なお祝いの言葉をくれた。

From 武川

#9

無理やり何かに当てはめなくても、**名前がない関係があってもいいんじゃないかしら。**

「この関係に名前をつけるなら？」と武蔵。嫁姑でも友達でも最高顧問でもないし…。

From 舞香

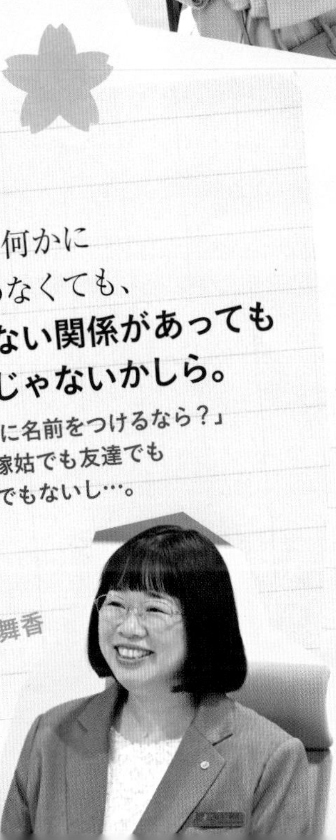

#7

本当、迷惑です。
私たちに気ぃ使って、遠慮して、いつまで他人行儀なのかしら？
吾郎は私たちにとっても大事な子供だし、あなたが苦しい時は私も苦しいの。
なのに一人で抱え込まれたら迷惑です。だって、**私たち6人で家族じゃない。**

バリ旅行を切り上げて、ちずの病室に駆けつけた荒井一家。謝るちずに舞香は…。

PRECIOUS
RELATION

“永遠のライバル”だった
武蔵と牧が、お互いに
“大切な人”に変わるまで

#1

ばしゃうま
クリーンサービス
から参りました、
黒澤と申します。
チェンジで。

ちずに紹介された
家事代行サービス。
やってきた武蔵に、
牧が間髪入れず…。

#2

(マロ) そっちは部長、
どんな感じなんすか？
まあ…なんか
ピンチの時に
わざわざ実家から
駆けつけてくれる
母親みたいだな
って思った。

具合が悪くなった牧の代わりに、
春田母をもてなす食事を
作ってくれた武蔵について。

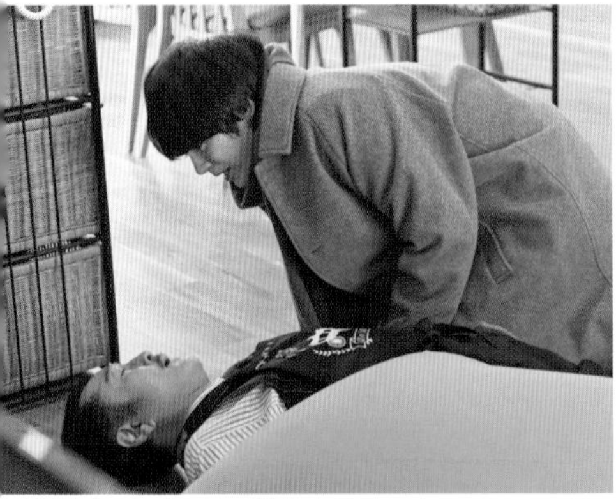

#4

さっきね、体支えた時に、あれ？
こんな小さかったっけって…。
この人といつまで
喧嘩したりとかできるのかな
とか思ったりしたら、
なんか…なんか切なくなって…。

足を滑らして転倒した武蔵を抱き起した時、
今まで感じたことのなかった寂しい気持ちに…。

喧嘩上等なのは今も変わらないけれど、
いつの間にか距離が近くなっていた。
仲良く喧嘩できるようになった二人の
気持ちが重なるセリフまとめ。

＃8

「牧…今まで本当にありがとう。
そして、本当は君にはかなわない
事はわかっていた。
春田を幸せにできるのは、
世界でただ一人、君だけだ。
最後に、牧と一緒に味噌汁を
作る事ができて楽しかったぞ。
君たち二人の事はずっと
見守ってるからな。

牧…、はるたんのいいところ
10個言えるか？
牧、さようなら。
そして、ありがとう。
我が永遠のライバル、牧凌太。」

武蔵から牧へのメッセージ。
本気でぶつかり合う事の素晴らしさを
牧が教えてくれた、と言う。

＃8

春田さんは俺の味に慣れてますから。
牧…もっとだしのうまみを活用すれば、
味噌を減らしてももっとうまい味噌汁
を作る事は絶対できるはずだ。
これは春田さん好きだわ〜。
でしょ〜？　…頼んだぞ、牧。
いや…なんすか？　もう…。
はい、任せてください。

家事代行の最終日、「ムサシのあんちょこ」を
牧に託して、味噌汁の作り方を教えてくれた。

＃9

はるたんは牧やみんなの幸せを考えて
頑張ってるんだろ？
だったら、牧にできる事は
はるたんの幸せを
考えてあげる事じゃないのか？

成長しなければと悩む春田のため、武蔵を呼び出して
「何ができるのか」と相談する牧。

FOREVER
AND EVER

真紅のバラと舞い飛ぶ桜の花びら。春田と牧が見つけた、続いていく『愛のカタチ』

＃2

あっ、言い忘れちゃったんだけど
結婚おめでとう。
二人とも、末永くお幸せにね！

「ずっと創一の友達でいてね」
という母の言葉を払拭したお祝いの言葉。

＃4

本当はもっと家族みんなでワイワイ、
ホームパーティーとかやりたいですもん。
そういうのは好かん！
あっ、そこは凌太と一緒なんすね。
お前にそういう話聞くまで、凌太の事、
よくわかってなかったわ。ハハッ。

ギックリ腰になった牧の父親のお世話に
いそしむ春田。和泉のおかげで打ち解けて…。

＃4

牧の家族は俺の家族でも
あるからさ。楽しい時も
大変な時も分かち合いたい
って思ってる。
それ、マジで言ってます？
尊すぎて引くわあ…。

おそろいのルームウェアを着て、北海道の
おみやげをつまみに乾杯する春田と牧。

＃6

結婚式なんかしたら…
もう簡単には戻れなくなりますけど、
本当に俺と結婚していいんですか？
うん。だって戻りたくねえもん。
これからも牧と一緒に
歩いていきたい。
俺もです。

結婚式前日。ウェルカムボードを作りながら
泣く春田の元に、牧が走って帰ってきてくれた！

＃6

合わねえなあ。
合わないっすね。
でもさ、だからこそさ、
こうやってさ、交換したらさ、
楽しさも2倍になるじゃん。
いや、俺はきのこだけでいいんですよ。

春田はたけのこの里、牧はきのこの山が好き。
どっちも甘くておいしいハッピーバレンタイン。

日々の暮らしにはいろんな事件が
容赦なく起きる。けれど、そのたびに
ふさわしい「カタチ」を見つけたらいい。
二人の涙あふれる大切な言葉たち。

#6

ガチガチじゃないですか。
ねえねえねえ。一歩目ってさ、
右足から出す？ 左足から出す？
どっち？
自然に合いますよ、きっと。
絶対合わねえだろ。
まっ、違っても
いいじゃないですか。

**チャペルのドアが開いた。見つめ合ったら
呼吸が整って自然に右足から歩み始めた二人。**

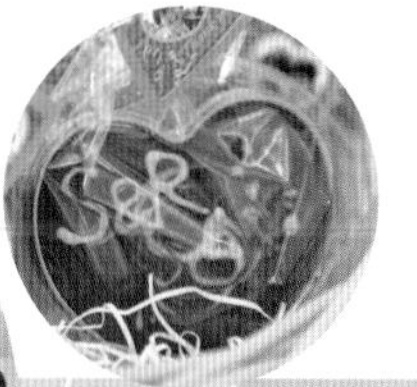

【中段写真】両親役右から、栗田よう子（春田幸枝役）、生田智子（牧志乃役）、晴海四方（牧芳郎役）

#7

「家族」って一言で言っても、作ってみないとさ
どんな形になっていくかわかんないじゃん。
鉄平兄んとこは4人家族だし、マロんとこは二世帯だし。
ほら、うちみたいにさ、ふうふだけってとこもあるし。

いろんな形がありますよね。

うん。あっ、でも俺は
**牧と一緒ならさ、この先、どんな家族になっても
楽しいって思ってるから。**

**俺も、春田さんとならこの先どうなっても
一緒に乗り越えていける気がします。**

入院しているちずを見舞った帰り道。
つないだ手を牧のコートのポケットに入れて、春田と牧が家族を考える。

#9

春田さんがいないと俺の幸せはありません。
春田さんといると、毎日楽しいです。
いつも笑ってくれて、たくさん笑わせてくれて、
本当にありがとうございます。
そんな春田さんが俺は大好きです。

悩む春田のためにみんなが集まった「春田を幸せにする会」。
大好きな「名もなき」仲間たちと幸せな時間を過ごす。

#9

いろんな事にぶつかって乗り越えて、
俺たちだけの家族になっていくんでしょうね。

俺さ、どうしてる時が一番幸せかなって
考えたんだけどさ、発表していい？

こうやってさ、牧と一緒に空を見上げるみたいなさ、
何げない時間なのかなって。
俺も、今… 幸せです。
凌太。
何？ 創一。

桜並木を歩き、ふと立ち止まって見上げた空。
涙が止まらない春田と牧は、二人の幸せを考える。

#9

この度、隣に引っ越して参りました
となりのムサシです。
チェンジで。

ちょちょちょちょちょちょ…！
二人とも家の前で喧嘩すんの
やめてください！

春田が穴の空いてないオムライスを作れるようになった日、
インターホンが鳴って玄関に出てみると、そこには…！

井浦 新

——和泉 幸

「和泉の〝再生〟。それは菊がそばにいてくれたからこそ叶ったことです」

3年前に和泉は、捜査中に恋人の秋斗を喪《うしな》いました。秋斗は和泉をかばって、和泉の腕の中で死んでいった。そうなった時、残された人はどうなる?って考えると、それは人間が壊れてしまうくらいの出来事なんだと思います。

和泉は悲しみの中で秋斗と一緒に自分自身も失っていきました。公安のエース時代の雰囲気とかけ離れた風貌は、現在の「いずぽや」であり、壊れてしまった和泉なんです。

（P54に続きます）

三浦翔平

——六道菊之助

「菊之助は和泉を20年近く思い続けてきた。想像を超える一途さです」

春田と牧、武蔵が「恋」で揺れることがなくなった今作では、菊之助が切なくなるほど作品にスパイスを加えられると思い、全力でラブストーリーに挑みました。描かれない部分は想像で補完して、例えばいつもパーカーなのは警察学校時代に和泉に「お前それ似合うな」と言われたから…と勝手に裏設定を作っていたら、スピンオフドラマで採用されました（笑）。それほどまっすぐ一途に、和泉のそばにいたんです。

（P56に続きます）

春田への想いは本物だった？

そんな和泉が壊れる前と今を繋げてくれているのが菊です。和泉が復讐だけを支えに、あっちの世界とこっちの世界を彷徨ったままでいられるのは、実は菊がそばで見守ってくれているから。なのに、壊れちゃった和泉は菊の気持ちにまるで気がつかない。1話で「天空不動産」に入社して、秋斗とそっくりな春田さんに出会った時は混乱しかなかったと思います。

　2話の「うるせえ唇だな」ってセリフは、僕もとても気に入っているんです。もう二度と言う機会はないだろうけど…（笑）。目を開いた時に、圭くん演じる春田から受けたものをそのまま出して、このセリフをいかにまっさらな状態で言えるか、が僕のテーマでした。

　それにしても、春田は悪い男ですよね（笑）。和泉も菊に対してちょっと似たところがあるけれど、無自覚は一番罪ですよ。和泉としては、菊は身内のようなもので、いつもそばにいるのが当たり前になってしまっている。例えば、自然豊かな土地に生まれ育った人が「こんな何もない所、何がいいんだろう」って地元のことを言ったりするでしょ。きっとね、そういう存在。

　和泉は、6話で菊に「（春田を）好きになったかもしれない」と言ったけど、春田だから好きになれているのかを、僕は疑いながら演じていました。多分、秋斗がいなくなってから、和泉は本当に苦しかったんです。だから、砂漠のような心になっていた和泉は春田に出会って、砂漠に水が流れ込んだように、やっと息ができたように実感したんじゃないかな。秋斗を裏切ることなく息ができるようになるには、春田に恋をするしかなかったのか、と。だとすると、ますます菊が不憫なんだけど（笑）。

　コメディ要素も多い「おっさんずラブ」の中で、こんなに悲しい和泉を演じるのは難しそうと言われたことがあるんですが、それは全然なんです。僕がすごく信頼している、この作品を作ってきた人たちが、僕を理解した上で任せてくれた役だと思っていますし、「おっさんずラブ」だからどうする？と肩肘張って考えないほうがいい。役や脚本にある作り手の意図を自分の体に落として演じるという、シンプルな、いつものやり方で演じていました。

　7話で、負傷した菊の病院に駆けつけた時、和泉は初めて菊との関係性について考えたんだと思います。菊に「すみません、ずっと好きでした」ってキスされて、菊がそういう想いでずっと接してくれていたことへの「ありがとう」と「ごめんなさい」の気持ち。和泉は菊に、秋斗と春田のことを常に相談していて、それってつまり菊をずっと傷つけ続けていたということだから、その「ごめんなさい」を強く感じた瞬間だったのかと思います。

菊への感謝と和泉の再生

8話で舞香さんに「恋じゃないかしら」と言われたのも、自分の気持ちを確認するきっかけになったでしょうね。それから、最終話で蝶子さんに言われた「幸せの中にいると、自分が幸せだって事に気づきにくいでしょ？」は、すごく素敵な言葉だなあと思いました。秋斗が亡くなって和泉は勝手にどん底に落ちていたけれど、菊はずっとそばで見守ってくれていたわけで…。秋斗を喪ってからも自分は一人じゃなかったと気づきさえすれば、菊との今までの時間をちゃんと受け止めることができたら、二人の関係性はきっと変わっていく。まあ、両思いになってよかったねってゴールもありますけど、和泉と菊はもっと新しくて深い関係が作れるはず。大事な人がそばにいてくれたと自分で気づいて受け止めることが、和泉の成長であり、再生なんじゃないのかと感じました。今作は、和泉の「再生の物語」でもあります。

ラストで、公安に復帰して菊とバディを組んで。車内でキスをしたのか、してないのか。今まで、秋斗と間違えて春田さんにキスしたり、寝ている間に菊にキスされたり、キスシーンからも秋斗や菊との関係性を表わしてきました。ラストシーンで、和泉と菊との未来を表すのに、キスをちゃんと見せることが大事なのか、それとも二人の居住まいや距離感、表情でも十分にこの二人の未来を伝えられるのか…。とにかく二人の心の繋がりや関係性がしっかり見えるようなシーンにしたいと思ってのぞんだところ、段取りではなかったのに、本番で向こうからチュッて。「こいつ」って思いましたけど(笑)、和泉と菊の関係性は良好だと思います。

いうら・あらた◎1974年東京都出身。98年に映画『ワンダフルライフ』でデビュー。以降、映画、ドラマ、ナレーションなど幅広く活動。2024年NHK大河ドラマ「光る君へ」に出演。出演作にアメリカ映画『東京カウボーイ』がある。

達者な作り手が集結した現場

オファーを受けた時は演じるということを忘れて「おっさんずラブの続編がまた見られるんだ、楽しみ！」という気持ちでした。後で役柄について「キッチンカーでおむすび屋さんをしていて、とてもまっすぐな人で、実は公安で」と聞いて、公安⁉と戸惑いました（笑）。なぜなのか聞いたら、貴島さんが「名探偵コナンって面白いよねえ（笑）」と。あと「おにぎり」じゃなくて「おむすび」なんです、というこだわりも聞いて、貴島さんらしいなと思いました（笑）。

菊之助は序盤の情報量が少なく、途中から身の上が明かされていく役柄だったので、5話に入るまでは抑えていました。3話で黒澤が家に来て、拳銃の隠し場所とかいろいろ物色するシーンでちょっと遊びたくなってしまったんですが、4話も撮る日だったので山本監督もいて、「まだダメです、抑えてください」と止められて。でも鋼太郎さんは「やっちゃえ」と焚きつけてきて（笑）。4話で黒澤に公安だと打ち明け「VIVANT」の話になるところは完全に笑ってしまったテイクもありましたが、なんとか耐えました……！

1話の登場シーンで牧とマロに「いらっしゃいませ」と微笑むところはト書きに「爽やかな笑顔」とあって、そこに「謎が多い」という設定を加味して目力強めにやってみました。瑠東監督も「それで行きましょう」となって、あんなに目がバキバキに（笑）。

この現場はみんなが自発的にこのパターンもあるよね、と提案して、複数の可能性を探って「じゃあこれで行きましょう」と固めていきます。監督の明確な演出もあるし、逆に俳優側がやってみてしっくりこないなとなったら違うパターンを探ります。その場で変更があっても、それを必ず拾ってくれるカメラマンをはじめ達者な技術チームもいる。幸せな現場でした。

5話の熱海での大乱闘では「はるたん」と叫ぶ鋼太郎さんがいて、全力で吠えて闘う遺都くんがいて、二人を止めてる圭くんがいて…やっぱりこの3人が揃ってる画《え》を見ると「ああ、『おっさんずラブ』だ」と。お酒に弱い菊様を演じるのも楽しかったです（笑）。

蓋をしていた恋心が動き出した

4話以降どんどん切ない恋が露《あらわ》になりますが、菊之助って和泉のことをもうずっと、警察学校時代に出会ってい

るから20年近くも好きなんですよね。初恋だし、人生で好きになったのは和泉だけだと思います。真面目に生きてきて恋愛もせず警察学校に入って、そこに秋斗という何をやっても勝てないやつがいて、でも努力を認め合う親友になって、そしたら好きな人が一緒で、気づいたら二人が付き合っていて…。「やっぱりそうだよな」といったん諦めたけど、秘めた想いは続いていた。

　秋斗が亡くなった頃のことは描かれていないので想像でしかないですが、菊自身も相当ショックだったはずで。目の前には何もできなくなってしまった和泉がいて、「好き」の形は変わらざるをえなかったけれど、迷いなくそばで支えることを選んだんだろうなと。

　秋斗の死を乗り越えられず止まったままだった和泉と菊が、春田と牧、黒澤と関わっていくことによって心が動いていく…。このチームはどんな些細なシーンも全力でやるので、本当に心が動かされて、自然と気持ちの流れができていきました。特に黒澤は境遇が似ていて、良き理解者で、波長も合って、菊は懐いてしまったんだと思います。

　熱海で酔って黒澤と春田に思いの丈をぶつけていましたが、抑えていた気持ちの蓋が開いてしまって、もう弟じゃいられなくなって。黒澤に背中を押され、前に進もうと決意した時、まず和泉と自分にとって心残りである秋斗の復讐を遂げるのがやっぱり警察官らしいし、菊之助という人なんですよね。

　7話の点滴キスの思い出は、夕日狙いだったから時間の制限があって、めちゃくちゃ寒かったけど薄着で…（笑）。天気が良くなかったけど一瞬だけ雲間から陽が射して、そこですごく集中して撮ったのできれいな画になりました。重大な任務が終わったことの安心感や達成感と、和泉が会いに来て、ああやっぱり好きだなという気持ちが相まってこぼれ出たような告白とキスでしたね。

　最終話、神社で和泉に「お前がいないと落ち着かねえんだ」といきなり抱きしめられて、恋仲じゃなくても人として必要だと言われたようで菊は舞い上がって喜んでいました。最後の公安シーンは何パターンか撮っていて、どれを使うのかなと思ったけどああなるとは。さすが「おっさんずラブ」です！

みうら・しょうへい◎1988年東京都出身。2008年にドラマ「ごくせん 第3シリーズ」で俳優デビュー。11年に映画『THE LAST MESSAGE 海猿』で日本アカデミー賞新人俳優賞を受賞。24年NHK大河ドラマ「光る君へ」に出演。

1

I’ ll be back!

光が差し込むチャペル、バージンロードを歩く春田創一。その隣には黒澤武蔵が精悍な面持ちで腕を組んでいる。視線の先には、シンガポールから帰ってきた牧凌太の姿が──。あれから５年、コロナ禍の遠距離恋愛を経て、遅れてきた新婚生活を歩み出す春田と牧。イチャイチャな毎日を夢見ていた春田だが、天空不動産の本社で課長に昇進した牧は帰国早々大忙し。**家事の分担やゴミの分別など、些細なことでケンカが増えていく。**一方の春田も第二営業所で係長になり、中途採用で入社してきた年上の部下・和泉幸の教育係を任されることに。しかしこの和泉、何やらボンヤリしており、春田が必死に優しく教えるも涙をこぼして走り出したりとどうにも情緒不安定で…。そんな二人を見かねた荒井ちずが、家事代行サービス「ばしゃうまクリーンサービス」を紹介してくれる。少しでも二人の時間が増えるなら…と利用を決めた春田と牧の家に現れたのは、**なんと早期退職後に再就職を果たした“家政夫の武蔵さん”だった…！**　早期退職してから姿を消し誰も連絡が取れなかった武蔵とのまさかの再会にうれしさがこみ上げる春田と、かつての恋敵の出現にイヤな予感でいっぱいになる牧。しかし、当時の“はるたんラブ”はどこへやら、武蔵は何だかよそよそしく、ビジネスライクな態度でプロフェッショナルな仕事ぶりを見せつけるばかりで…⁉
時は流れ、ちずはシンママになり仕事と育児の両立に悩み、恋愛迷子の武川政宗は恋活アプリに没頭。栗林歌麻呂と蝶子は二世帯住宅で暮らし始め、荒井鉄平と舞香は４人家族に。そして、移動式おかかおむすび専門店「おむすびころりん」を営む謎の男も現れて…。
そんなある朝、出勤しようと家を出た春田は、**隣の家の前に血だらけの男が倒れているのを見つけてしまい…。**

＃2
渡る世間に武蔵あり

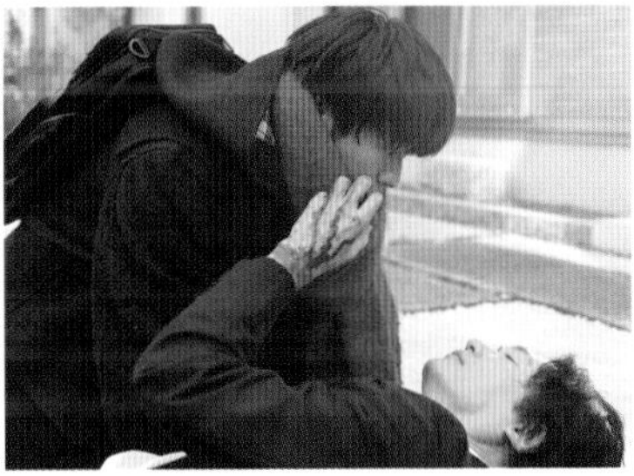

写真（下段左）
馬場園梓：栗林市役

血だらけの男に慌てて駆け寄ると、なんとそれは転職してきた謎多き部下・和泉だった！　唖然とした春田が救急車を呼ぼうとした瞬間、隣の家から「おむすびごろりん」の店主・六道菊之助が現れて、「これは見なかったことに」と和泉を笑顔でひょいと抱きかかえ、爽やかに家の中へ消えていった。衝撃的光景が頭から離れぬまま出社してミーティングに参加する春田。当の和泉からは風邪で休むという連絡が入るが、**どう見ても風邪って感じじゃなかったんだけど…!?**
そんな春田のもとに母・幸枝から「新居を見に行きたい」とメールが届く。今週末の母来訪に備え、準備をしなければと焦る牧。お気楽に構える春田に牧は「俺にとってはお姑さんですから」と顔を曇らせる。
その夜、鉄平の店「居酒屋わんだほう」で開かれた新年会には、春田、牧、ちず、舞香、マロ、蝶子、武川が集結。楽しく飲んでいたかと思いきや、マロと蝶子の言い争う声が…。どうやら**二世帯住宅で暮らし始めたものの、蝶子と10歳年下のマロ母・市との折り合いが悪く、**“**渡鬼状態**”だという。対して、春田と牧の新居に週3でやってきて完璧な仕事ぶりを見せつける家政夫・武蔵。だが、そのうち武蔵は牧の掃除の仕方に小言を言い始め、負けじと牧は料理の味付けの濃さにクレームを入れ、一触即発状態に。**永遠のライバル、武蔵VS.牧の“地獄の嫁姑バトル”が開戦…!?**
やがて栗林家の嫁姑バトルは、まさかの推し活被りにより解決、春田の母襲来も武蔵の助けを借りて無事事なきを得る。牧は幸枝に結婚を祝福されてうれしさを噛みしめ、結婚式への思いを新たにするのだった。翌朝、家を出た春田は、**またもや血だらけで倒れている和泉を見つけて駆け寄るが、胸倉を掴まれ突然キスされて…!?**

＃3
昼顔の二人

突然、春田の胸倉を掴んでキスをして、「相変わらずうるせえ唇だな」とつぶやいた途端に意識を失った和泉。その衝撃的な光景をたまたま目撃してしまった武蔵は「はうあっ！」と慟哭する。ようやく春田への抑えがたい気持ちの正体が“姑”の感情だとガッテンして、これからは“愛息子・はるたん”とその夫・牧の幸せを見守ろうと決意したばかりだったのに。そこで武蔵は、《昼顔不倫の真実》を突き止めるべく内偵を始め、和泉について詳しく知るために、家政夫として和泉家に潜入しようと菊之助にアピールを開始する。
さらに、武蔵は仕事帰りに、**牧が元カレ・武川の自宅に入って行くところを目撃してしまう。これはもしかしてW不倫？　W昼顔？**　武蔵に目撃されていたとはつゆ知らず、最近、武川がSNSで病んだつぶやきを連発していることを心配していた牧は、武川の自宅へ招かれる。昔と変わらないこの家で武川は牧に、この先の人生に漠然とした不安を抱えていると言い、「恋がしたいというより、老後も一緒に助け合えるような“**おむつパートナー”が欲しいのかもしれない**」と切実な顔で語るのだった。春田は春田で、血まみれで唇を奪ってきた和泉が口走った「公安なんだ…」という言葉が頭から離れない。謎だらけの部下＆お隣さん・和泉を尾行してみると、なぜか弓道場へたどり着く。春田は和泉から弓の引き方を教わるが、突然和泉は涙して…。
春田が追う和泉のキスの謎、牧が心配する武川の闇、武蔵が向き合おうとしている“**禁断のW昼顔不倫**”の行方**は──!?**　そして、ボヤ騒ぎを謝罪しにきた和泉と菊之助の二人だが、お詫びのおむすびバスケットに引っかかったはずみで**和泉のペンダントが落ちてしまう。その中には、弾けんばかりの春田の笑顔の写真が !?**

＃4
お尻を拭くまで帰れま10

写真（上段左）
ディーン・フジオカ：ラガーフェルド・翔役

はじけ飛んだ和泉のペンダントを春田が慌てて拾いあげると、その中には《春田と瓜二つの人物》の弾ける笑顔の写真が…。「え、俺ぇぇぇ…!?」と驚く春田に、菊之助は**「これは秋斗です」**と意味深な言葉だけを残して去って行った。なぜ和泉は春田のそっくりさんの写真を大切に持ってるの？　秋斗って誰!?
そんな中、牧の北海道出張が決まり、二人は出張のためのお買い物デートへ。久々のお出かけにウキウキする春田だが、その夜、牧のスマホに父・芳郎から着信が。なんと**芳郎はギックリ腰になってしまい、お尻が拭けない**ようで…？　牧に代わって急遽、芳郎のお世話をしに牧家に向かう春田だが、相変わらず強情な芳郎はすぐさま春田を追い返してしまう。その後も春田は、突然に長期休暇を取った武川の代理で仕事に追われる中、めげずに牧の実家に通い詰めるも、芳郎との距離はなかなか縮まらない。はたまた、アプリで詐欺に遭い恋愛迷子になった武川は、真実の愛を求め恋愛リアリティーショーに出演していた。リムジンを降りてレッドカーペットを歩いた先でラガーフェルド・翔に出逢う。念願の“おむつパートナー”は見つかるのか!?
一方、家政夫・武蔵は、お年玉キャンペーンの最終日で和泉と菊之助の家を訪れた。武蔵に正体を気づかれている、そう直感した菊之助は、重たい口を開き、「実は公安なんです」と告白。時を同じくして、和泉も春田に死んだ恋人“秋斗”との過去を打ち明けていた…。
春田が立ち向かう義父の介護問題。「弟なんかじゃねえよ」と、眠っている和泉に思わずキスしてしまう菊之助と、**ついに明かされる和泉＆菊之助の正体。**公安時代の物語と警察学校編、そして、**春田と瓜二つの男《秋斗》にまつわる悲しき過去とは…？**

＃5
私を熱海に
つれてって

写真（上段右）
デーブ・スペクター：福引の係役

久々に休みが重なった春田と牧は、ずっと行けていなかった**“新婚旅行”の計画を立て始める。**仕事で天空不動産にやってきたちずや同僚のマロの影響を受け、行き先を熱海にしようと提案する牧。その話を聞いていた家政夫・武蔵は、商店街の福引会で当てた一等賞「熱海旅行券」をうやうやしく二人に差し出した。よく見るとそこには「ファミリー旅行宿泊券（４名様までご利用）」との文字が。**春田は「部長も一緒に行きます…？」とうっかり誘ってしまい、牧を地獄のような顔にさせてしまう…。**実は、和泉も同じ福引の一等賞を当てていた。菊之助は、自分を弟扱いする和泉へのむくわれない恋心が辛くて、その思いと決別すべく「せっかくだから行きません？」と和泉を旅行に誘う。
そして迎えた新婚旅行当日。「私は空気になりますので」と宣言した武蔵の運転で３人は一路熱海へ。グルメ、陶芸、観光と、思いきり新婚旅行を満喫する春田と牧。だが、牧がふと見ると、**薬指にあったはずの大切な結婚指輪がない…!?**　青ざめる牧は、春田に言い出せないまま夕食の時間を迎えてしまう。宴会場で食事を楽しむ春田と牧、武蔵の前に現れたのはなんと和泉と菊之助…！信じられない偶然に驚きつつも、結局５人でにぎやかに宴会を始める。しかし、**牧は失くした指輪のことが頭から離れず、密かに落ち込み、そっと旅館を抜け出して、それに気づいた和泉と共に指輪を探しに行く。**宴会場に残った菊之助は、春田と武蔵に和泉への叶わぬ想いを吐露し、警察学校の同期であり、親友且つライバルでもあった秋斗との過去を語り出す。だだっぴろい宴会場で錯綜するそれぞれの愛と激動のラブバトル‼　**この熱海旅行は「恋の卒業旅行」だったのか？　そして、消えた結婚指輪はどこへいったのか !?**

#6
深紅のバレンタイン・ウェディング

愛と涙と大乱闘の“新婚旅行”から数週間。春田と牧は**2月14日に行う結婚式の準備に追われていた。**念願の式を前にウキウキモードの春田だが、牧は仕事が忙しすぎて毎日クタクタ。春田が一人準備を進めるが、ふと自分だけ空回りしているような寂しさを覚え始める。
ウェディングプランナーとの打ち合わせ当日。約束の時間になっても現れない牧から「会議が長引いているので先に向かってほしい」と連絡が。春田がため息をつきながら歩き出すと、偶然にも武蔵が通りかかり、なんと打ち合わせに付き添ってくれることに。後日、タキシードの試着日にも牧は残業で遅刻し、「一生に一度の結婚式なのに…」としょんぼりする春田。がんばっている牧の仕事を応援したいという気持ちに反して、**結婚式に対する牧との気持ちの温度差を感じ、そこから日頃の二人の価値観の違いを実感し、マリッジブルーに…。**
未だ、亡くなった恋人・秋斗への想いに縛られる和泉に、もう復讐からは解放され前を向いて生きてほしいと願う菊之助は、和泉に黙って家を出てしまう。一方、「なんでもすっきり天空相談室」に相談に来た和泉は、武川に「叶わぬ恋に白黒つけるために、バレンタインデーというイベントがある」と焚きつけられて、春田へのチョコレートを手に取るが…。
結婚式前夜、準備が終わっていないのに牧は残業で帰ることができない。春田は家で一人、ウェルカムボードの作製を進めながら、気付けばボロボロと涙が溢れてきて…。はたして**春田と牧は無事に結婚式を挙げることができるのか。**そして、バレンタインデーに祝宴の場に集まった武蔵・武川・和泉・菊之助の想いを乗せた、それぞれの甘いチョコレートは誰の手に渡るのか。そんな中、**武蔵は披露宴で体調不良を感じトイレに駆け込んで…!?**

＃7
君たちはどう生きるのかい

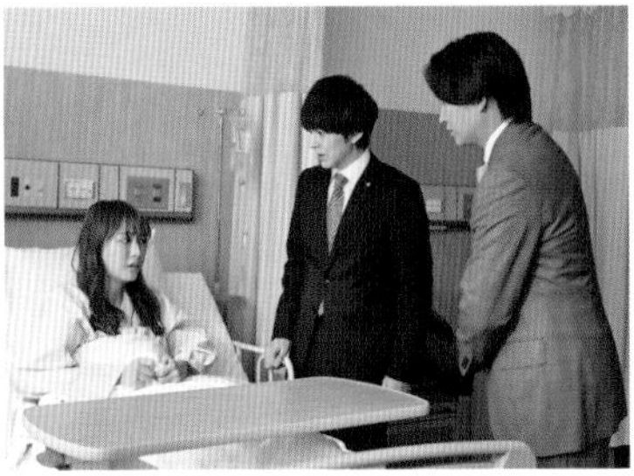

幸せいっぱいで結婚式を無事終えた春田と牧。その裏で、咳き込んでトイレで一人、**深紅の血を吐いてしまった武蔵は不安が募るばかり…。**
結婚式の思い出に浸りながらも、日常に戻り仕事に励む春田。**そこへ牧から「ちずが倒れた」という電話が。**春田は保育園にちずの息子・吾郎を迎えに行くことに。一方、病院に付き添った牧とマロは、ちずから兄・鉄平と舞香は、子どもたちを連れて初めての海外旅行中なので、絶対に連絡しないでほしいと頼まれる。倒れてもなお無理しようとするちずを心配して、入院中は吾郎を春田と牧の家で預かることにした。しかし、帰宅した牧は、変わり果てた家の惨状に言葉を失う。クレヨンで落書きだらけのリビング、小麦粉がまき散らされた床、全く言うことを聞く気配のない吾郎。思った以上に怪獣だった3**歳児相手に、春田と牧は“まさかの子育て”に挑むことに。**神様、本当にこれは人間が乗り越えられる試練なのでしょうか――？
春田への想いを閉じ込めようと苦悩する和泉に、突然公安から入電が。それは、菊之助が任務中に負傷して病院に担ぎ込まれたという連絡で。駆けつけた和泉に「秋斗を殺したあいつらは捕まえた」「あなたはもう自由に生きていいんです」と復讐の終わりを告げる菊之助。**黄昏の中、和泉に祈るようにそっとキスをした菊之助は「ずっと好きでした」と告白して**――!?
そんな中、入院中のちずの病室には、旅行を切り上げて帰国した鉄平一家が駆け込んできた。家族旅行を邪魔したくなかったと謝るちずに、舞香は「本当に迷惑です」と言い放ち…？
その頃、武蔵はセカンドオピニオンで訪れた病院で**「余命一か月です」と告げられて…!?**

＃8
余命一か月の家政夫

「余命一か月、ですか……？」、病院で告げられた衝撃の真実。信じられない事態にぼう然とする武蔵だが、付き添いでやってきた蝶子に心配かけまいと笑顔を見せる。帰宅後、終活について考え始めた武蔵は、エンディングノートに想いを綴る。封じ込めていた春田への愛と欲望が溢れ出て、エンディングノートを書く手が止まらない。

そんな異変は露知らず、春田はメキメキと家事の腕を上げていた。掃除も洗濯もテキパキこなし、もうからあげだって黒焦げにしない。家事もうまくまわせるようになってきた自分に超ご機嫌な春田。微笑ましく見守っていた牧は、**「そろそろ家政夫さんに来てもらうの、やめませんか」**と提案する。春田の成長のおかげで、二人でもやっていけそうだし、それに二人の将来のための貯金もしたいし、という牧の言葉に納得はしつつも、春田は武蔵に会えないのかと思うと無性に寂しさを感じてしまう。

その頃、「天空不動産」第二営業所は、第一営業所との統合が決まりバタバタしていた。昼休みに「おむすびごろりん」にやって来た牧は、マロから武蔵の異変について聞かされる。するとちずが、偶然武蔵と病院で出会った時に、「ストレス性の吐血」だと言っていたことを思い出し、心配が止まらない３人。そんな中、和泉は春田を誘って秋斗の墓を訪れて、復讐を終えた今、天空不動産を退社しようと思っていると告げる。

武川の呼びかけで、武蔵の体調を心配するみんなで企画したホームパーティー＠春田家。おいしく楽しい時間を過ごすが、帰り道でそれぞれが別れの予感を覚えてしまう。武蔵がDVDに託した春田と牧への伝えたかった想い、そして、遺される側の気持ちがクロスする中で、はたして、**《余命一か月の家政夫》武蔵の運命は…？**

#9
WE ARE FAMILY!!

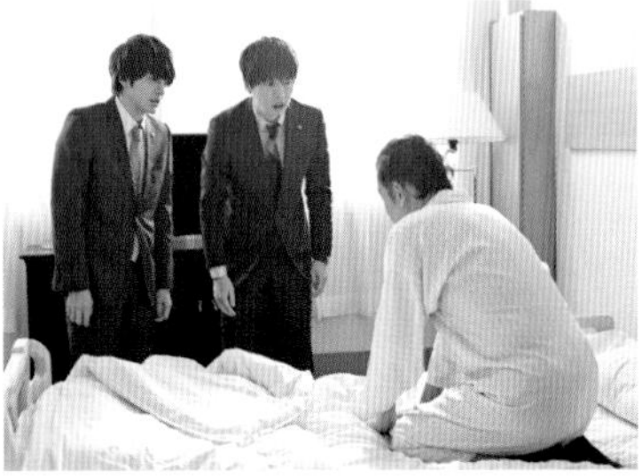

写真（中段右）
坂口涼太郎：鋼沢入鹿役

「さようなら、はるたん――。」最期のホームパーティーで別れを告げ､愛しのはるたん（と牧）にビデオメッセージを送り、ついに訪れたかと思ったタイムリミット…。そして1か月後――。真っ白な布団で、真っ白なパジャマで眠る武蔵。しかし、美しい朝陽を浴びた武蔵は、青汁をぐいっと煽り、自分自身でも信じられないといった表情で､「なぜだ？ なぜ俺はこんなに…元気なんだ…？」とつぶやいていた。
一方、春田は、武蔵との涙の別れを通して**「自分は明日死んでも後悔しないくらい、一生懸命生きているのだろうか？」と自問自答するように。**もうすぐ“不惑”と謂われる40歳になるのに自分は成長しなくていいのか？今のままで牧を、みんなを幸せにできるのか？と悩み始めてしまう。そこへ突然、外資系大手不動産会社から春田にまさかのヘッドハンティングが⁉　しかもポジションは牧と同じ“課長”と聞いて心が揺れ動く春田。どうにも迷走し、あげく元気がなくなっている春田を心配した牧は、思いきって“ある人物”に連絡していた。
その頃、和泉はようやく復讐が終わったことを機に、会社を辞める決意を固める。しかし、自分に想いを伝えたまま家を出た**菊之助のことが気にかかり、自分たちの関係について考え始め**――。元カレ・牧を“これ以上ない最高の恋人”だと確信し、さらなる恋愛迷子状態に陥っていた武川にもパートナーが現れて…⁉
「家族」になるってどういうこと？　そして「幸せ」って何だろう？　人の数だけ《家族のカタチ》があり､《愛のカタチ》も《幸せの定義》だってひとつじゃない。アラフォーはるたんが牧と《ふうふ》になり、模索してきた《家族のカタチ》。それぞれがたどり着く“愛の結末”とは⁉　**愛すべきおっさんたちよ、永遠に！**

スピンオフドラマ

牧がシンガポールから帰って来て、春田と牧は思い出の場所で再会。「おかえり」「ただいま」の後、新居で 二人が過ごした新婚生活１日めの夜。こたつに入って乾杯し、シンガポールみやげをお披露目したり。そして、新居のルームツアーで大はしゃぎ…。本編では描き切れなかった春田と牧の秘密の時間。

武川から休日出勤してほしいと言われて集まった春田、牧、和泉、マロ。作業しているうちに、おっさんたちの恋バナが始まった。作業の後は、春田と牧の家に再集合して鍋パをすることに。公安ずラブの馴れ初め、春田と牧はどっちが先に好きになったのか、など本編では描き切れなかったエピソードが全回収される！

春田と牧の お宅拝見

春田が牧との新生活に選んだ築浅の一軒家は、二人がのびのび過ごせる広々間取り。

Kitchen

b キッチンにはこの後レシピ用ホワイトボードや食器など、牧の選んだ物が増えていく。

Tatami Room

a 琉球畳の和室にはゲーミング座椅子やゾイドコレクションなど遊びグッズが。

写真立てが増えていく。きっとこれらも！

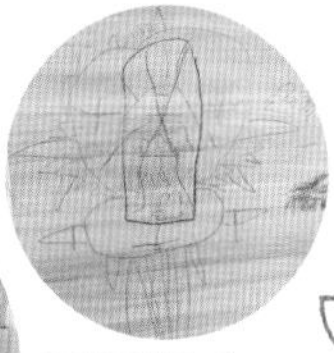

吾郎が描いたスペシャルうんこ。

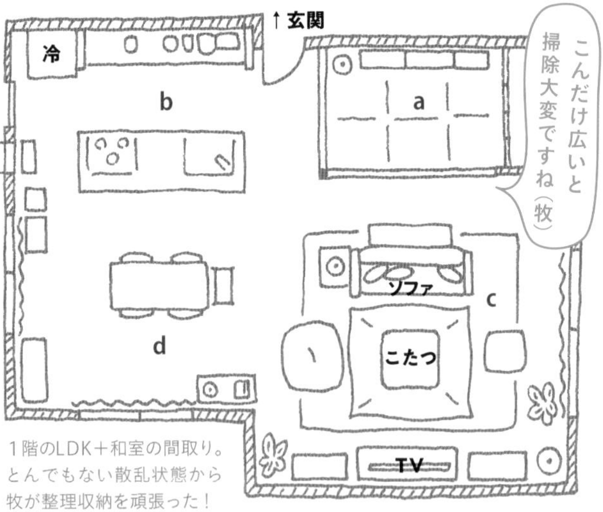

1階のLDK＋和室の間取り。とんでもない散乱状態から牧が整理収納を頑張った！

Dining

d 明るいダイニング。電話台の照明や吊り下げカゴは春田の実家から。

カレンダーと家事当番表はどこからでも見やすい位置に。あのメモ帳は今も健在。

Living

c 春田念願のこたつリビング。オープンラックは右が牧（徐々に本が増えていく）、左が春田。グリーンは牧のセンスで追加。

広い！ やったー！
これ牧の石けん

春田が各自のシャンコン、石けん、ボディタオルなどを用意。自分は青、牧が茶系のイメージで選んでいる。

|Sanitary Space|

ここが洗面所で〜す（春田）

仲良く並んで歯磨きできる洗面所。

春田がレゴで作った。

ぽかぽか
てんくうん
カイロ
天空不動産

|Bed Room|

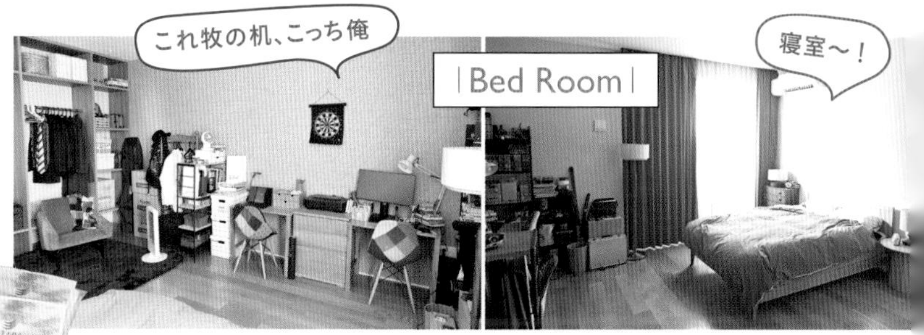
これ牧の机、こっち俺
寝室〜！

2階のベッドルームはプライベート空間。二人のワーキングスペースやクローゼットも。

\ あの人のお宅ももう一度見たい！ /

物が少なく殺風景で段ボールも多く、最後までどこか仮住まいのような雰囲気だった。キッチンのおむすび用の業務用炊飯器や桶が際立つ。リビングのソファは仮眠が取れる大きさ。

和泉と菊之助の家

武川の家

立派な日本家屋で床の間には日本刀や日本人形が並ぶ。庭のししおどしの音も耳に心地よい。

武蔵の家

快適に過ごせそうな落ち着いたムードの都会的なマンション。それにしても一体何億ション!?

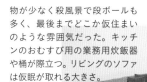

ユニコーン家政夫ムサシの
華麗なる料理帖

ばしゃうまクリーンサービスのハイクラス家政夫・黒澤武蔵による超一流メニューをプレイバック。料理のコツを大公開。

本日は黒澤武蔵が
担当いたしました

ピンチョスでございます。

おつまみピンチョス　#2

生ハムとクリームチーズに黒豆、キッシュと塩漬けオリーブ、伊達巻とカマンベール、ミニトマトとモッツァレラ、ゆで卵にアボカドディップと海老。はるたんがお正月に買って食べきれなかった食材も活用してパパッとアレンジ。

あれはお客様のために
お作りしたものですから、
私が頂くわけには参りません。

お手製ヘルシー弁当　#1

お客様に作る料理の試作をお弁当に。この日のおかずは焼きサバ、レンコンの梅あえ、厚揚げ、人参ときのこのおひたし、ブロッコリー、ミニトマト。ヘルシー＆美味しいを追求。

長崎県産ぶりの照り焼き。
有機野菜とちくわのきんぴら。
京豆腐ときのこのべっこうあんかけ。
たかはしさんちの人参と枝豆ひじきの
和え物でございます。

本日のお献立
北海道産焼き鮭のきのこあんかけ
蓮根とお豆の和風サラダ
たかはしさんちの小松菜と油揚げの焼き浸し
武蔵流人参しりしり
お豆腐とおネギの味噌汁
伊賀焼土鍋で炊いた御飯
本日のぬか漬け 大根、人参
黒澤武蔵

栄養満点の晩ごはん #1

いつも達筆な献立表が添えられた晩ごはん。和食中心でヘルシーながら副菜にもタンパク質を取り入れ、食欲旺盛なはるたんも大満足。美味しく野菜やきのこの栄養が摂れるように工夫している。

はるたん

頑張ったんだ草!

草って…?(マロ)

はるたんと牧のお重 #8

一段目：ごはんの上に桜でんぶ。薄焼き卵と鰹節粉とスライスチーズにオブラートアートではるたんと牧。ハート煎餅、アスパラとカニカマのマヨネーズ春巻き、ラディッシュ。二段目：から揚げ、肉巻き、だし巻き卵、菜の花のおひたし、スナップエンドウ、ミニトマト、人参。三段目：筑前煮。

むさログ4.5以上のおかず

意外な隠し味からヘルシーアイデアまで。
気になる「ムサシのあんちょこ」をチラ見せ。

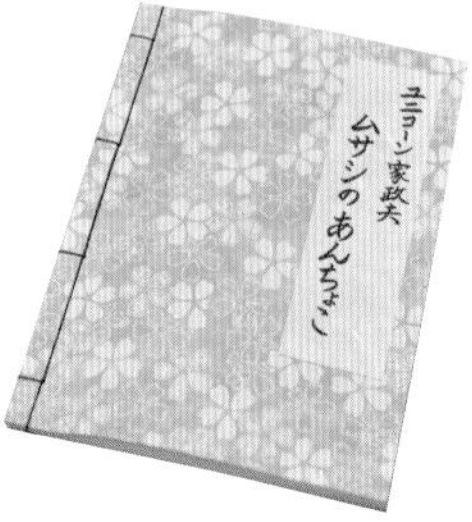

ユニコーン家政夫
ムサシのあんちょこ

はるたんの好きなから揚げ　#1

以前と変わらないレシピ（前作公式ブック P71 参照）。鶏肉に塩、こしょう、おろし生姜、塩こうじ、酒を揉み込んで 1 時間漬け、薄力粉を全体にまぶした後、片栗粉を一つずつにまぶして揚げるとカリッと感が続く。塩こうじは自家製に進化！

うまっ（牧）
めちゃくちゃうまい…！（春田）

シチューの隠し味は自家製の昆布茶　#5

恐縮でございます。

鍋にバター 20g を熱し一口大に切った玉ねぎ、人参、蕪《かぶ》ときのこを炒め、薄力粉大さじ 3 を加え炒める。牛乳 600mL と水 500mL を加え、煮たったら固形コンソメ 1 個と鮭を入れ 20 分煮る。スナップエンドウに火を通す。昆布茶小さじ 2 で味付け。（4 人分）

牛乳と出汁は同量！ 減塩味噌汁　#8

長ネギ 1/4 本は斜め切り、豆腐 1/4 丁は 8 ミリ角、わかめ適量は食べやすい大きさに切る。出汁 200mL を鍋で煮立たせたら、具材を入れて火が通るまで煮る。ボウルに牛乳 200mL と味噌小さじ 2 を入れて溶き、鍋に加えて再沸騰するまで加熱。（2 人分）

無添加
おいしい

シェケナベイビー！

ある日の牧ごはん

とっさの時でも、牧はお腹も心も満たされる料理を作ってくれた。あの時のあのごはんのレシピ初公開。

おかわりは?
する
するんかい

夜中にみんないなくなる夢を見た
春田のために作った鶏雑炊　#9

材料（2人分）鶏もも肉…1/2枚／長ネギ…10センチ／三つ葉…適宜／冷やごはん…150g／卵…1個／塩…適宜　【A】出汁…500mL／酒…大さじ2／みりん…大さじ1／しょうゆ…大さじ1

作り方 **1.** 鶏もも肉を1センチ角に切り酒大さじ1(分量外）をふる。**2.** 長ネギを斜め切り、三つ葉をざく切りにする。**3.** 土鍋に【A】を入れて火にかけ、煮立ったら鶏もも肉と長ネギを入れて煮る。**4.** 具材に火が通ったら軽く洗ってぬめりをとった冷やごはんを入れて一煮立ちさせる。**5.** 味を見て塩を足し、溶き卵を少しずつ落として煮る。**6.** 三つ葉をのせる。

お義母さんが初めて家に来た日の
ほうれん草のおひたし　#2

材料（3皿分）ほうれん草…1束／ゆず皮…適宜
【A】出汁…100mL／薄口しょうゆ…小さじ2／みりん…小さじ3／塩…少々

作り方 **1.** 沸騰したお湯にひとつまみの塩（分量外）を入れ、根に十字に切り込みを入れたほうれん草を火が通るまで茹でる。**2.** ほうれん草を冷水にとりしばらく置いてアクを抜く。**3.** 水を絞り根を切り落とし、食べやすい大きさに切り1人前ずつ皿に盛る。**4.**【A】を合わせて煮てから冷ましたものを **3** にかけ、冷蔵庫で2時間ほど置く。**5.** 食べる直前に千切りにしたゆず皮をのせる。

おかかおむすびの作り方

一本気な菊之助の真っ向勝負メニュー。行列ができるキッチンカーのあの味を再現。気になるチーズ入りも。

永いあいだ ありがとう
店主
菊

片手で厚みを作って 片手で山。
転がして山、転がして山…（菊之助）
全然三角にならない…（和泉）

菊之助のおかかおむすび　#1~

材料（ショートサイズ2個分）ごはん…300g／3切の海苔…2枚　【A】鰹節…8g／しょうゆ…大さじ1／みりん…小さじ1.5

作り方 **1.** フライパンに【A】を入れて水分が少なくなるまで炒める。**2.** ごはんに **1** を加えて混ぜ合わせ、半量ずつ三角にむすぶ。**3.** それぞれ1枚ずつ海苔を巻く。

トールサイズはおかかごはん350g分に3切の海苔2枚。
グランデサイズは750g分に7分切の海苔2枚。

和泉が作ったチーズ入り
おかかおむすび　#3~

アレンジ 菊之助のレシピで作ったおかかごはんに、8ミリ四方に切ったたっぷりのプロセスチーズを混ぜこみ丸くむすぶ。6切の海苔を巻いて上にもチーズをトッピング。おかかとチーズがよく合う。

眞島秀和さんと考察する

武川の恋・仕事・人生

恋活アプリで詐欺に遭い、恋愛リアリティー番組で即脱落。闇落ちしかけるも、ついに運命の相手に出会えた――。迷走の裏にあったビハインドストーリーを、眞島さんが考察してくれました。

ましま・ひでかず◎1976年山形県生まれ。99年のデビュー以降、多数の映画、ドラマ、舞台に出演。主演ドラマに「#居酒屋新幹線2」(MBS)など。

「真実の愛」を求めた背景

武川は思いが強いぶんたまに様子がおかしく見えることはあったけれど、仕事はきっちりする人。それが勤務中に恋活アプリをしたり、会社を休んで恋愛リアリティー番組に応募したりするようになったのは、5年の間にいろいろあって、ちょっと心が迷子になっちゃったのかなと解釈しています。人っていろんな状態の時がありますから。

50代が見えてきた頃ふと残りの後半生に焦りというか、このままでいいんだろうかと考えてしまうことには共感できて。黒澤部長が早期退職を選んで別の人生を歩み始めた影響も大きいと思います。

武川 政宗
みんなこんな辛いこと
乗り越えてんのえらすぎないか
本当に
こういう時は
流れに身を任せるのが一番！
音楽でも聴いて
気を紛らわせてみる
駄目だ…
歌詞と自分を重ねて泣いてる
罪を重ねることも許されないまま
こうやって終わってくんだよ
恋ってやつは
なんでまだイルミネーション
あるんだよ
今年もあんなちっこい電球に
寂しさを感じさせられてる
苦しい
武川 政宗
これって低気圧のせい？
なんかいいことないかなあ
毎日こんな頑張ってるのに
何故…何故なんだ…
人のことを愛する前に
まずは自分のことをもっと愛す
今はそれが一番大切な気がする
そうだろ？
そうだよな
こんな辛いなら
もう出会わない方がいいのか
出会わないと始まらない
全ては行動あるのみ
なあ
ちょっと今年寒すぎないか
武川 政宗
ちょっと今年寒すぎないか
寒いと人肌が恋しくなる
みんながすごく幸せそうに見える
みんな、幸せであれ
いいなぁ…
辛い
だが、神は乗り越えられない試練を
人間に与えない
日本酒はどうだった？
辛いと感じるのも生きている証拠
返信不要
孤独が自分を強くする
おーい
Believe me! and be strong!

【左から読む】この武川からの155通のメッセージに牧は「お茶でもしますか？」と返してくれた（#3）。

部長として一生懸命やっていく中で、体力の衰えも感じるし、古民家の隙間風はすごく冷たいし、毎年冬が来るたびにメンタルがしんどくなって…。仕事は生きがいだけど、自分にはそれしかないのかと。

牧と春田は結婚してますます活躍して、入社時期の近い舞香さんは二児の母。彼女の産休中とかに、自分だけ時間が止まっているような気がして、自分にも人生を一緒に過ごすパートナーが欲しいと思ったんじゃないかな…。

牧が思い出になる前に

牧のことはもうとっくに幸せを祈る感じになっているはずなんです。区切りがついているから次の出会いを求める行動をしている。でもうまくいかなくて拗《こじ》らせて、しがみついちゃうというか、ラブシェアと言い出したりして。

でも牧はそんな武川のフォローというか、コントロールの仕方もうまいんですよね。武川のことをよく知っているというのもありますが、春田との関係がブレないからこそ武川にも優しさを見せられて、武川はそれもわかってちょっと甘えたんでしょうね。「俺、今こんな感じなんだ」というのを聞いてくれるから…。

牧にもらったイルカのキーホルダーは、今後も捨てることはできなさそうですが、箱にしまうくらいまでは行けたかもしれないですね。思い出エリアは信玄くんのキャットタワーのスペースになっているかもしれません。

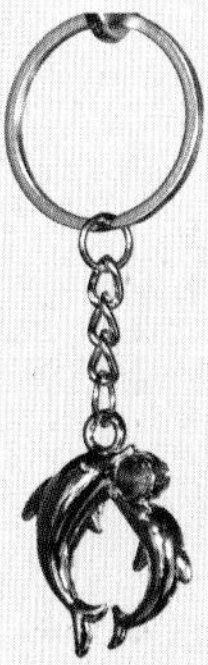

初デートで牧が買ってくれた。

アプリ、SNS、番組出演

おそらく、アプリを始めるまでに何回かリアルな出会いもあったはずなんです。たまに一人でバーなんかに行って、それなりに出会いもあったけど、うまくいかなかった。

そんな時にきっと街で「アプリも結構いいらしいよ」と聞いたんでしょう。そうか、今はアプリで出会って幸せに過ごしているカップルもいるのかと。そしたら今度は、SNSのDMというので連絡が来て、いい人と出会うこともあるらしい、という話をどこかで聞いて、慣れないアプリとSNSを同時に始めたんじゃないかと思うんです。

やるとなったら一生懸命な人なので、アプリも真面目にやっていたし、恋リア番組も、本気で人生のチャンスであってほしいと願って、モチベーション高く参加した。あの古民家で、段ボールで太陽を手作りしたと思うといじらしいです。初回で落とされて良かったと思います。あのあとキャンプをライブ配信をしたのは、番組を見た人から「武川さんの私生活がもっと見たい」とかメッセージが来て、孤独な心に入り込んできたのでしょう。

古民家とビンテージ車

武川の家が思ってたより和風で。長く住んでるみたいだし、牧もちょっと住んでたりしたのかな。スピンオフで埼玉出身と言っていてあの家はたぶん東京だから、おじいちゃんとおばあちゃんの持ち家を相続したとか。なんとなくおばあちゃんっ子だった気がします。おはぎも小豆から炊いてそうですし。

車はたぶん70年代か80年代のグロリアかセドリック。家と一緒に受け継いだのかなぁ。カセットテープしか聴けなさそう…。

自宅にある火鉢。

天空不動産

第二営業所の係長である春田のことは頼もしく思っています。やり方は武川と違うけど、結果も出してるし。牧にも牧なりの仕事の向き合い方があって、武川はそこに敬意をもっている。マロが成長して本社でバリバリやっているのも陰ながら見ていて誇らしくもあるんだけど、マロは蝶子さんと、春田だって牧とうまくやっているしな、と思ったら急に孤独感が増して、帰り道で自然と涙がこぼれてくるなんていう日もあったかもしれないですが…。そんな時に、あの車でスピッツの曲とかをしみじみと聴くんでしょう。CDからカセットテープに焼いたりしたのを。

和泉を採用したのはそういう時期で、仕事第一の武川ではなく出会い優先の状態だったから、面接中も気もそぞろだったんでしょうね。アプリの通知をチラ見しながら、真面目そうな人だし資格もいっぱい持ってるし、パソコンは使えないようだけど営業に行ってもらえばいいかと。

春田がカラッと明るくて愛のある人だから、新人も任せられるし、営業所の雰囲気もいい。舞香さんや宮島さんも仕事ができる人たちですしね。

お悩み相談室は舞香さんの提案じゃないかな。いろんな企業でこういう取り組みをやっていて、外部の人を呼んだほうがいいんだけど、まずは仲間内で試してみませんかと。それも武川は話半分に聞いて、GOを出した。

相談室にあった。

信玄との出会い

信玄は保護猫ですが、出会いはネットじゃなくて仕事先の近くで張り紙を見かけたとかじゃないかな。溺愛しているから畳を爪でガリガリやっても「も〜」と言って許していそうです。いっぱい楽しい時間を過ごしてほしい。武川が幸せになれてよかったです。

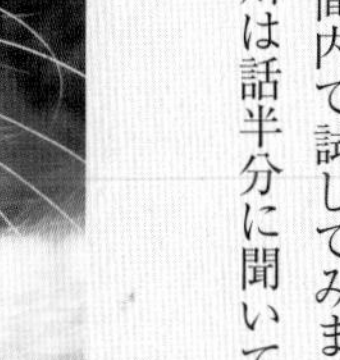

お散歩バッグ。

ウィーアーファミリー

今回またこうして集まって、つくづく奇跡的な座組だと感じます。みんなの様子も自分の居心地も、ずっと一緒にやってる劇団なのか?と不思議な感じで。そうじゃないとしたら〝親族〟ですね。何年かぶりに集まったいとこみたいな、仕事であることを超えたコミュニケーションがとれる仲間。関係は続いていくんだろうけれど、また一緒にやれるかわからないから寂しさはあって…。本当、「おじいちゃんずラブ」になるまでやれたらいいですよね(笑)。

大塚寧々さんに聞いた
蝶子さんの愛と“まなざし”

夫のマロとは本音でぶつかりあい、元夫の武蔵の窮地にそばで励まし、和泉や菊之助の相談に心を寄せる蝶子さん。その優しいまなざしにフォーカス。

おおつか・ねね◎1968年東京都出身。多数の映画、ドラマ、CMなどに出演。写真家としても活動している。

心が大きくて、温かい人

前作から演じていて、蝶子さんは心が大きい人だなと感じます。温かくて、気持ちが優しい。でもいい人なだけじゃなくて、感情を表に出して怒ったりもする人間っぽいところが魅力的です。

今作では弓道場を経営していて、10歳年下のお姑さんと二世帯暮らしで、推し活をしていて。なんだか軽やかになったなと思いました。4話で和泉くんに「夫と別れて随分強くなった」「世界が広がった感じ」と言っていましたが、好きなものを好きと言えたり、推しに会いに行く道でスキップしたり、一人で旅行に行けるようになったり、きっと勇気が出たんだろうなと。マロのおかげですね（笑）。

誰に対しても他意がなく、思ったまま言ってしまうところも個性ですよね。ぶつかったりもするけれど、素直な気持ちでみんなを応援している、素敵な人だなと思います。

マロのひたむきな誠実さが
蝶子さんに勇気をくれた

我が夫ながら成長ぶりがすごいし、花を贈るとか、かわいいですよね。若さゆえのエネルギーが印象的でしたが、ベースが素直だから急成長したんでしょうね。

マロとは年の差もかなりあるし、蝶子さんは実際すごく悩んだはずです。前作では少し突き放すこともあったところからどうして今の二人になれたかと言えば、ひとえにマロの誠実さがあったからだと思います。最初は怖かった蝶子さんも、マロがまっすぐに気持ちを伝えてくれるから素直に感情を出せるようになり、大きな愛で包み込まれて安心や自信、勇気が芽生えたのかなと。すごく素敵ですよね。お義母さんとは、お互いに大人だから気を遣いすぎてたんじゃないかなと思っています。4チミンで一気に距離が縮まって、その空気感もガラッと変わって。最後はマロも参戦して、家族3人で団結（笑）。楽しくて幸せそうです。大地くんとのお芝居はすごく楽しかったです。

武蔵さんのことは同志として
大切に思っている

2話で「それ、姑の感情」とアドバイスするシーンは、あっちこっち歩く武蔵がどういう気持ちで言っているのか見逃さないようにテクテクついて回りました。

元夫の武蔵は今は同志なんだと思います。同志としてすごく大切だから、なんとか力になりたいし、8話で様子がおかしいと察したら号泣するほど悲しい。でも冷静さもあるから「1か月、とっくに過ぎてない？」と的確なことが言える（笑）。「嫁がイカゲームっつ〜」の聞き間違いは現場で「実写不可能と言われたシーン」なんて冗談がささやかれたくらいで、私は笑うのを堪えるのが大変でしたけど、面白くて最高でした。鋼太郎さんとのお芝居は毎回どうなるかわからないんです、本当に（笑）。笑いそうになるのを一生懸命…とにかく真剣にやっています。真相がわかってドタバタする武蔵に「ちゃんと正直に言いなさい」と言ってあげられて良かったなと思います。

相手のお芝居に心を動かされ、時には笑いすぎて腹筋が鍛えられる

毎回脚本が楽しみで、撮影する前からにやけちゃいます。このシーンどうするんだろう？すごいことになるだろうなと（笑）。こんなにスタッフさん達が大声で笑っている現場もなかなかないですし、大地くんもちょこちょこアドリブをしていて面白いですし、誰一人型にはまらないというか。カットがかかった後もずっとやっていたり、笑いすぎてもうお腹が痛い、腹筋が鍛えられる現場です（笑）。私が一番難しかったのは、スピンオフドラマでマロに「私の王子様！」と言うセリフです。厳しいよ、どの口が言ってるの、おいおい、と自分でツッコみながら、もう言うしかないので言いました。私の心の声を聞いてみてください（笑）。その時の大地くんの演技はとても自然でした。どのシーンもみんな真剣で、お芝居の中で心が動かされることの多い、演じることが幸せだなと思える現場でした。春田、牧、武蔵のこの先も見てみたいし、例えば20年後とかでも、また集まれたら素敵ですね。

それぞれに優しいみんなが愛しくて幸せであってほしいと応援している

春田くんについて今作でも菊様と「存在が罪だよね」と言い合いますが、それはみんなが好きになっちゃうのがわかるという賛辞で、蝶子さんも好きなんです。牧さんとはあまり接点はないけどすごくいい人なんだろうなと思っていて、結婚式は心からお祝いしました。和泉くんから「絶望」という言葉を聞いて、少しでも苦しい思いがなくなればいいなと見守っています。菊様に「弟扱いされて」と相談されて「和泉くん？」とつい言っちゃったのは、しまった！と思っています（笑）。後で「気持ちは伝えなくてもいいの？」と聞くのが蝶子さんらしくて私は好きです。「伝えたほうがいいよ」じゃなくて、この人が幸せであったらいいなという一心なんですよね。ちずちゃんが頑張ってるのも応援しているし、舞香さんと鉄平さんの家族は可愛くて愛しいし、武川さんの過去などはあまり覚えていなくて純粋に「信玄くんが新しい家族なんていいね！」と。みんな愛しくて、応援したくなります。

Third Place

わんだほう

＼みんな大好き！／

居酒屋わんだほう

みんなが日常的に集まる居酒屋わんだほう。
鉄平兄は今日も新メニューと新曲づくりにいそしんでます。
忘れられない迷メニューと迷曲をお届け！

#3 モヤモヤ丼

鉄平「わたあめの下は酢飯になってるから」

春田「キモくてキモい」

いつもうちの飯おいしく食べてくれてありがとな。

楓香、銀平、ちずの息子・吾郎もよく走り回ってるよ！

#1 にしんとみかんのミックスチャーハン

春田「今日の日替わりってこれ？ へえ〜。じゃあ 焼きそば」

鉄平「おい！」

ウフフフフ…！

ひみとぅ〜 ひみとぅ〜

ああ〜 もう なんか新しい歌作っちゃうよ！

#6 水あめチキンライス

春田「ういーっす。日替わり」

鉄平「水あめチキンライスだけどいいの？」

#8 プリン天丼

鉄平「外はサックサクでな、中、トローッとしてるから」

蝶子「熱いかもよ？」

マロ「うーん！まっずー！」

♪うまいメシ作れ 全部手作りだぞ……
♪たまにゲームで負けろ……
常に笑顔でいろ……
綺麗にしとけ……
♪可能なかぎりでいいから……

牧「歌が 13 章までありましたからね」

武川「俺のスピーチも途中で切らされて」

令和の『関白宣言』

#9

聴いてください。『オクトーバー、オクトパス』

るとう・とういちろう◎1979年兵庫県生まれ。メディアプルポ所属。バラエティの演出を経てドラマ監督に。「浦安鉄筋家族」「極主夫道」「unknown」など多数の作品を手がける。

監督インタビュー File 1

瑠東東一郎

1・5・9話 演出

想像を超える芝居を俳優部にもらい、それを編集で返し続けた

最後まで本物の笑いと涙があった

「春田さんを幸せにする会」に反響があり嬉しかったです。最終話は脚本打ち合わせで、あえてドラマチックな事件は作らないことに決めました。それでも「おっさんずラブ」らしいエモーショナルな笑いあり涙ありなラストにしたかった。予定調和じゃない感情が撮りたくて、撮影前日に圭くんと遣都くんと別々に相談したんです。圭くんは「みんなからのあの言葉は、かなり（気持ちを）もらっちゃうかもしれない」と言っていて。当日は僕らのプランや想像を大きく超える、こぼれ落ちる様な感情が出て本当に素晴らしかった。春田への感謝の言葉も、様々な想いや感情が入り乱れて素敵でしたよね。圭くんが細かな表情とリアクションで受けるから、伝える人の気持ちも上がる。受けの芝居でみんなを輝かせて、そのキラキラした中心にいるはるたんが輝く。そんな構造を僕は田中圭以外で見たことがないし、突出した才能だと思います。

遣都くんの表情にも、ああ、牧はそういくんだと驚かされました。鋼太郎さんの「ちょっとだけかき回してしまったな」の辺りから最終的なスイッチが入ったなと。笑いに寄せた芝居にもできたけど、鋼太郎さんと相談して「おもしろの言葉で感情はストレートに行こう」と。喫茶店で牧が部長に相談するシーンもそうだったんですが、遣都くんは「部長のまっすぐな言葉には、めちゃめちゃ心が動く」と言っていて。だから牧は部長の言葉で大きく感情が動いたあとに春田に想いを伝えるという流れになった。あの3人だからこそ生まれたシーンになったなと思いました。

今作のテーマは家族。春田と部長、春田と牧の関係性は前作から既にある中で、3人でどんなファミリーになっていくのかが大事だから、部長と牧が心を通わせていく流れは意識しました。春田を挟むので絶対イラッとするんですが、二人のイメージは僕の中では「トムとジェリー」で。根底に愛が走っているからこそ、互いを認め想っているからこそ、喧嘩も大きくなる。そんな絆の深さは最終話でも大切にしました。

幸せなことに2016年の単発ドラマから映画も含めて5作の「おっさんずラブ」

を撮らせてもらって、どれもインの日にどのシーンから入ったか憶えていますが、いちばん初めに撮った部長とハセが春田を取り合うシーンから、「嘘のない芝居をする」「その場で生まれる感情を撮る」という根幹はずっと変わっていません。

　この組で大事にしたのはカメラに向かって芝居をすることではなく、目の前の人と心を通わせること。だから現場では短くカットをかけずに一連（ワンカット）で撮る事が多かった。より感情の機微を大事に撮ろうとする撮影方法です。最初に撮り始めた時から、みんなでコンセンサスを取りながら、熟成させてきました。

　脚本から現場でベースメントを作り、芝居を広げていく中で起こる全てを押さえたいから、マスターとなる画もそれぞれのワンショットも、全部の素材を一連で撮る。感情を乗せたことでお芝居が違ってきてもよくて、そこにとらわれず目の前に集中し、全て出し切ってもらって、それを編集でカタチにする。その信頼関係がすごく大事なんです。俳優部にもらった輝く芝居を編集で返すことを積み重ねてきました。

　僕は役からその人の人間性が出るように撮るのが好きで、はるたんは圭くんだし、部長は鋼太郎さんで。遣都くんも当然そうなんですけど、彼だけちょっと違ってて、芝居した瞬間に本物の牧になるんです。これはどう伝えていいのかわからないまま言葉にしてみるんですが、今作の春田と牧の最初のシーン、階段での再会を撮り始めた時、遣都くんと牧との間に少しズレがあって。5年経つので当然なんですが、馴染んでない感じだった。3人でいろいろ試行錯誤していると、あるテイクから完全に牧になった。オーラを纏っていて、言葉には出来ない、遣都くんにしか出来ない表現。すごいんです。それをキャッチした圭くんの目に自然と涙が滲んで。これはいい作品になると思いました。予想外に苦しんだけど、楽に撮れていたら良くなかったとも思う。このメンツが集まってもやっぱりしんどいし、誰にとっても楽なシーンなんて一つもない。でもそれを含めて楽しいんです。

作品後も彼らの日常は続いていく

今作ではスマホで自撮りした写真を1話からラストまで重ねていくという演出を考えました。本編ではどうしてもテンポや尺の制約があるので、その隙間というか、間に流れる時間と空気を見せたくて。「新婚初夜」のスピンオフは二人の空気感をより表現するためになるべく編集点を少なくしたり、作品後も彼らの日常が続くと感じられる世界観を意識しました。

　徳尾さんの脚本の行間が自然と芝居とキャラクターが広がっていくように構成されているからそれができるし、貴島Pが集めた俳優部はみんな熱を持って役を生きてくれる人たちだから、よりその世界が広がる。本当にこのチームだからこそですよね。

そんな中でも天才的な跳ね方をするのは鋼太郎さんだし、鋼太郎さんの爆発的な表現力で作られた武蔵がこの作品の爆発力と大きくリンクしているんです。僕ももちろん緊張感を持って臨んでいましたが、百戦錬磨の鋼太郎さんでさえ「おっさんずラブの芝居はしんどい」とおっしゃっていました（笑）。しんどくて楽しくて、何より愛情が詰まった現場でした。見る人にそれが届いていたらこんなに嬉しい事はないです。

やまもと・だいすけ◎ 1976 年三重県生まれ。制作会社アズバーズ所属。「めちゃ×2イケてるッ！」でADを務めたのちドラマ演出家に。最新作はドラマ「約束〜16 年目の真実〜」。

監督インタビュー File2

山本大輔

2・4・7話 演出

ドラマ撮影は一期一会。その瞬間を見逃さないで探し続ける。届ける

何気ないことで家族に救われる瞬間

たまにSNSは見ているので、山本の回はロマンチック、だなんて言っていただいているのは知っていましたが、自分としては担当している回がたまたまそういう回なだけだと思っています。担当回を割り振りする貴島さんの中に、監督陣の色分けがあるんでしょうね。3人で回すなら2話の次は5話ですが、4話が牧のお父さんとの家族の話なので僕ということに。今作のテーマは家族でしたが、言われてみれば、より家族色の強い回が僕に割り振られていたなと思います。

脚本では気付かなかったけど、撮影準備の段階で疑問に思ったりひらめくことは結構あります。2話の「牧が作ったおひたし」は僕的には最小限の表現になっているのに、牧の気持ちがちゃんと観てくれた人に届いていてうれしくなりました。

7話では「おひたし」のように、その回のカラーになるモチーフを考える間もなく撮影が始まって、最初の撮影はちずが会議に遅刻して駆け込んでくる場面でした。スタッフがちずの小道具を準備しているのを見て、そういえば、うちの妻が妊娠中にマタニティマークの入ったキーホルダーを付けていたことを思い出したんです。身重の間、ずっとつけていたから、日に焼けて色落ちしちゃってて。でも、そういうものを見るだけで、なんだか感じることってありますよね。ちずは仕事と子育てで忙しくて自分のことは後回しだろうし、がんばっているちずの靴を汚して、それを吾郎ちゃんにきれいにしてもらおうと。吾郎ちゃんをただ手がかかるだけの子供にはせず、子供から親に何かできたら素敵だなと思ったんです。うちの子は8か月なんですけど、子育ては大変で「もう！」ってなることもあるけど、寝ている子供の手を触って、ふと指をキュッと握られただけでなんだか救われたりする。そんな何気ない一つのことが全部をひっくり返してくれるような小さな奇跡が、ちずたちにも起こってほしいなと。その後、マイマイの「迷惑です」のシーンに繋がって、家族のカタチは様々でいいんだ、と感じられる回になったんじゃないかなと思っています。

4話は、牧のお父さんの介護問題に加え「バチェラー」や「公安ずラブ」も入って盛り沢山な回。「バチェラー」や「VIVANT」は短い尺を最大限笑えるものにするために、猛勉強して本気で真似しています（笑）。「公安ずラブ」では、ぽやぽやしていない井浦さんを撮影できてよかったです。僕、本当は観るのも撮るのもサスペンスが好きで。基本、サスペンス生まれサスペンス育ちなんです。だから、いつか「公安ずラブ」でちゃんと1本撮ってみたいなあって思いました（笑）。

特別で自由で簡単じゃない現場

ドラマの撮影は一期一会なことが多くて、一瞬を見逃さないで探し続けて撮っていきます。その形が比較的うまくいくことが多いし、皆さんにたくさん反応してもらえている気がします。和泉と菊の「点滴キス」だけは夕方に撮りたくて、予定を組みました。脚本を読んだ時は晴れていて夕陽がドーンってイメージだったけど、その日は朝から曇天。でも厚ぼったい雲の切れ間から夕陽の光が漏れて放射状に広がって、結果的に二人の心情が乗っかったような「天使の梯子」の淡い光の中での美しいキスシーンになりました。

「おっさんずラブ」は特別な現場だとよく言われます。ドラマ撮影は、たとえば二人で喋るシーンなら、一人ずつとツーショットを撮影、つまり同じ芝居を2〜3回します。当然、二人が何度も同じ芝居を繰り返さないと編集した時に画が繋がりません。記録さんが役者の動きや手の角度など記録し、役者さんに再現してもらう。セリフも同様に繰り返し同じものを言ってもらいます。だけど、うちの現場では、動きもセリフもそのたびに違ったりして、初めて現場に来た人は「普通、こういうのダメですよね」って驚きます（笑）。

ここでは、動きが繋がってなくても、人の気持ちを動かせたらいい。だからみんな、面白いことにチャレンジしやすいです。編集は本当にたいへんだけど…。僕も含め、うちのみなさんも他の現場ではちゃんとやっていると思いますが、ここでは動きも喋りも自由、だからこそ感情のまま自然に演じられる特別な場所。

でも、自由って簡単じゃないです。ドラマＩＱが高くて本当の意味で脚本を読める圭さんは全体を１００%把握した上で感情を乗せて演じる。遣都くんは一瞬を逃したらなくなってしまうガラス細工のような芝居ができる人。それから、鋼太郎さんはご自身も大きな舞台の演出をたくさんされている大御所の役者さんなのに、いつもこちらが気を遣わなくていいように居てくださって、どんなお願いをしても、「ＯＫわかった、やってみるよ」って言ってくださる。鋼太郎さんは多分、僕ら監督陣のそれぞれのやり方を理解した上で、一番いい画が撮れるようにサポートしてくださっているんです。僕の場合は、リハーサルで何パターンか演じてみせてくれて、「どれがいい？」と選択肢をくださっている感じ。こういうすごい役者さんがいるからこそ成り立つ世界が「おっさんずラブ」なんですよね。

5年前から時代が変わってきて、今、この家族の話ができたのが素敵なことだなと思います。また何年か後に、その時代に意味があることをみんなで自由に考えていけたら、と思っています。

ゆうき・さいとう◎1979年千葉県生まれ。SDP所属。ハリウッドで8年間映像制作を学び、帰国後、映画、ドラマ、CM、MVと多方面で活躍。映画『空の港のありがとう』が5月公開。

監督インタビュー File3

Yuki Saito

3・6・8話 演出

生もののような感情をドキュメンタリーのように撮るすごい現場

安心してバトンを繋げる

もうやらないのかな、いつかまた撮れたらいいなと思っていたので、貴島さんから「またやるよ」と電話が来て、ジーンと込み上げるものがありました。後で新キャストが新さんと翔平くんと聞き、絶対に良い化学反応が生まれるという信頼感があったので「よっしゃ！」とさらに嬉しかったです。

6話で結婚式、8話で余命一か月の家政夫を任されたのはミッションだと思って。瑠東さんは絶対面白く爆発させてくれる、山本さんはしっかり作品のテーマを投げかけてくれる、だから僕は切なさやエモーショナルなシーンとか、できることを全力でやろうと。ゴールが一緒なので、安心してバトンをもらえるし、渡せるんです。

担当初回の3話の本をもらった時、武蔵が春田と牧に不倫疑惑を糺《ただ》すシーンは3人の関係が深いところで動く場面だと思ったので、一連撮りにしようと決めました。前作の6話で牧が出ていくシーンもそうでしたが、ここはという時は一連で撮ります。撮影があった日は鋼太郎さんが体調不良のお休み明けだったんですが、一連を3回やるのでお願いしますと、台本5ページに渡る長いシーンを一気に撮影して。3回目が終わった時は夜深くなっていたんですが、みんなが自由に動く中でおさえられなかった画があって…。終わった！という空気の中、「もう1回…」と言うのはここ数年でいちばん緊張しました。鋼太郎さんに「ゆうきぃー！」と怒られちゃいましたが、4回目も熱量変わらずすごいお芝居をしてくださって、だから牧のあの表情が撮れた。最後3人が集まって、泣き崩れた武蔵が春田だけでなく牧にも手も回したのは現場で自然に起こったことで、ついにあの3人が…と感慨がありました。

その後のわたあめのシーンも、ほっこりした空気をそのまま収めるために一連撮りしました。わたあめキスは、圭くんと遺都くんと話して不意を打った感じがいいだろうと、タイミングも全て任せました。だからあれは実際の二人のリアルな間です。

見ている人の心を動かしたい

遺都くんと話した時に「Yukiさんが多

分いちばんファン目線に近いかも」と言われて、それはそうかもしれないなと。僕だけX（旧Twitter）をやっていて声もよく目にしますし。なにより昨年末の舞台挨拶で「リターンズ」1話の冒頭が流れた時の会場の「わぁっ！」っというリアクションが忘れられなくて、あの人たちはわたあめのシーンを見たらどんな顔をするだろう、どんな風に心が動くだろうというのは常にありました。ハッピーも、切なさも、見ている人の心を動かしたい。それが監督という仕事の醍醐味だと思っているので。

自分も一ファンとして見たかったのは、6話の結婚式前夜に牧が走るシーン。今まで春田は何度牧のために走っただろう、今回は牧が心配させてしまった春田のことを想って走る姿が見たい、と強く思って…現場で思いっきり走ってもらいました。

春田は写真を見ながらこれまでのことを回想して、あの時の記憶と重なるのは前作の主題歌「Revival」だと頭に浮かんで。そして結婚式では今作の主題歌「Lovin' Song」だと。相乗効果があったと思うし、二つの主題歌を流すという型破りを可能にしてくれたプロデューサーとスキマスイッチさんに感謝です。僕はスキマスイッチさんが大好きで、主題歌2曲以外にもMVを撮らせてもらって、本当に幸せです。

コンビニで「きのこの山」と「たけのこの里」を買うところも撮影しましたが、走る姿だけを残しました。実はどの回も泣く泣く削っているシーンがあります。繋いだら8分オーバーした回もあって…DVDを楽しみにしてほしいです（笑）。

きのこたけのこの前、牧が部屋に入ってきたところからも一連で撮影しました。二人を撮る、春田側から撮る、牧側から撮る、どれも頭から終わりまで3回戦。二人とは「本当に俺と結婚していいんですか」という確認を大事にやろうと話して、僕は目を見て伝えてほしいと言ったくらいだったんですが、遣都くんが本番でだけ春田を抱きしめたんです。そこで急に向きが反転してもカメラの髙野学さんがぐわっと回り込んで捉えてくれる。照明さんも含めてどう動いても対応してくれるという信頼があるから、俳優部も自由に動ける。生もののように変わる感情と動きを、いかにドキュメンタリーとして逃さずにキャプチャーするかがこの現場での僕らの仕事で、普通のドラマとはやっぱりちょっと違う。たけのこの里を渡して牧が泣いたのも予定にはなかったけど、抱きしめたことで生じた感情がそうさせたんだと思います。

8話で武蔵のDVDを春田と牧が見るところはまさにドキュメンタリーで、二人には段取りでもテストでも映像を見せず、本番でカメラが回った状態で初めて見て、それが春田と牧の本当のリアクションになりました。2カメ態勢で2つアングルがありますが、1テイクしか撮っていません。鋼太郎さんがセリフに一つだけ足したのが「牧、はるたんのいいところ10個言えるか？」で、僕もおお…と思ったし、牧もそこでグッと来ていた。割烹着を渡したところで二人は戦友になり、3人の関係が一つのゴールを迎えた気がします。だからこそ武蔵もポリバケツに封印するしかなかった心をもう一度伝えたくなったりしたんだろうなと。これからは二人を推す…のかな。3人の今後が見たいし、「次」もまたある未来ならいいなと思っています。

＼教えて徳尾さん、貴島さん！／

今だから聞きたい10のこと

「おっさんずラブ－リターンズ－」がどうやって生まれたか、そして気になる謎を
脚本家の徳尾浩司さん（T）とプロデューサーの貴島彩理さん（K）に聞きました。

❶脚本はどうやって作るの？

K 天空不動産編が終わった時から、恋が実って結婚した“その後”を描きたいという気持ちはありました。私の中でいろんなパズルのピースがハマって、徳尾さんに連絡したのが…。
T 2021年の8月15日ですね。実はこの時、僕は新型コロナに罹っていて、病院がいっぱいで入院できず自宅で朦朧としていました。そこへ突然貴島さんから「『おっさんずラブ』やろ!」って電話があって。その時、僕は人生で一番生命力が落ちている時だったけど「生きねば…!」と奮い立ちました。実はすごく大事なタイミングで貴島さんが連絡をくれていたんです。
K つゆ知らずでしたが、元気になってよかったです（笑）。最初の企画書には既に新婚生活のことや黒澤が家政夫になって波乱を巻き起こすこと、各キャラのその後も書きこまれていました。
T その後、最初の打ち合わせが22年7月。途中でお互いに他のドラマもやって、飛び飛びになったりしながらも1年くらい議論を継続してとりあえず準備稿まで作って。最終回まで「本打ち」は計100回ぐらいやったかもしれないですね。
K ですねぇ。最初の打ち合わせは、徳尾さんと二人で、近所のカフェで「やりたいことメモ」を出し合いながら。今回はホームドラマで「ふうふとは」「家族とは」がテーマになるねという話をして。結婚式、新婚旅行に加え、子育て、嫁姑の関係、両親との和解、介護のこともやりたいねと。当時のメモを見返したら新キャラは公安でお隣さん、血塗れで倒れている、死んだ恋人がそっくり、価値観の相違で喧嘩、ATARUくん、武川のアプリや恋愛の話、点滴キス、公私混同コピー機キスなどなど既に書いてあって。あとは、今作では全キャラの話をガッツリ描きたいねとも。
T いっぱい考えていっぱい捨てて、ストーリーに合ったものを残す、というやり方をしてきました。
K 当時のメモを見てびっくりしたのは、最終話ラストの桜のシーンで、牧が「また春田さんに出会った季節がやってきましたね」って台詞があったこと。最初からずっとやりたかったんだなぁと。それから、武川を今度こそ幸せにするというのも明確に書いてありました（笑）。
T 2回目の打ち合わせでは、1話から9話までのやることリストやテーマをお互いドン!と出し合って、見返すとそれが概ね各話のストーリーになっていますね。懐かしいです。

❷「本打ち」ってなんですか？

K 本打ちとは「脚本打ち合わせ」のことです。脚本家、監督、プロデューサーの8名が全員集合したのは23年10月。テレビ朝日の会議室で本打ちが始まりました。それがもう、楽し過ぎて！ 涙が出るほど笑う本打ちなんて、「おっさんずラブ」だけだなぁと。前作から5年経たこの景色は一生忘れないだろうな、とその時思いました。
T この日は1話の決定稿打ち合わせ。意見を聞い

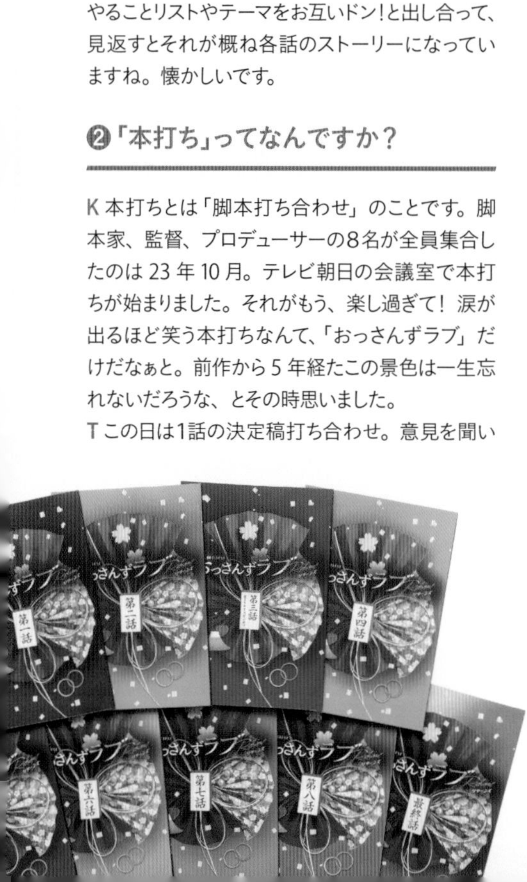

T 今回はみんながやりたかった、休日に買い物デートをする春田と牧とか、武川の着物姿が実現できてよかったです！

❹武川とマロってやっぱり変人？

K マロは奇抜な言動が目立ちますが、実は人格者。感謝を言葉にできるし、愛する人が泣いていれば抱きしめる。7話でちずが会議に遅刻してきた時、お茶を渡し、ウィ〜ッと謎の動きをする金子くんのお芝居は、ちずが罪悪感を感じないよう場を温める優しさが素敵だな思いました。

T 武川は、自分自身が迷子になりながらも、愛とは何か日々考えている人。6話で春田を祝福するシーンでは、「もともと結婚という形式や制度が愛の存在を保証してくれるわけではないが、多くの仲間から祝福を受ける春田と牧を見ていると、それがもう一つの愛の証明になっていると思う」と、武川なりのエールを送っています。

❺新キャラをもっと知りたい！

K 和泉が公安でお隣さんというのは早い段階で固まっていましたが、菊之助は色んな可能性を探りました。漁師、教師、医者、パティシエ、家政夫仲間…などなど。キャスティングは役柄選考というより、新しい家族を迎え入れる感覚に近かったです。続編に参入するという負荷の中、現メンバーを脅かす新たな風を巻き起こし、かつ愛されても欲しい。誰となら共に覚悟を背負い、楽しんで挑て脚本を修正します。例えば、武蔵が家政夫の仕事の後、夜の商店街を歩いているシーン…とか。

K 武蔵らしく思いを叫ぶにはどんな場所がいいのかと、大喜利大会になりまして（笑）。

T じゃあ何に叫ぶか。街中に木のうろはないし。

K 私がバケツは？って言ったら、「郵便受けは？」「公園の土管は？」って意見が飛び出し、結局、エグゼクティブプロデューサーの三輪祐見子さんの「ゴミ箱の中に叫んで蓋を閉める」が一番の爆笑をさらって採用されました。

T イカゲームの本打ちも笑い過ぎて涙出ました。

K 9話の「余命一か月」の聞き間違いね（笑）。

T そもそも「余命」をテーマにしたのは、大切な人に当たり前に明日も会えるとは限らないから、武蔵の余命騒動をきっかけに、それぞれが大切にしている人を思い浮かべて行動する回が作りたかったんです。だからこそ、この聞き間違いは一番無理やりじゃないとダメだと感覚的に思っていました。真剣に「嘘だろ」って思える間違いを探して、いい大人が会議室にこもって口ぐちに「よめいよめい…よめ？」って。その時も三輪さんが「嫁がイカゲームっつーのにハマってるっていうのはどう？」って言うもんだから、みんな笑い過ぎて（笑）。

K ベタ担当大臣と呼ばれる松野千鶴子プロデューサーが「陶芸に行くなら、ろくろの『ゴースト』じゃない？」とアイデアをくださったり、子育て真っ最中の面々からリアルなエピソードが飛び出したり。みんなで本打ちを重ねることで、脚本はさらに磨かれていきました。

❸ボツになった案を教えて！

T 幻の案はいっぱいありますよね。1話で武蔵がバトルの最中に大きい雪だるまを作って坂を転がして牧に攻撃するとか。だけど、雪合戦がそもそも難しいということになって。

K 12月に雪はない。雪を作るお金もない。

T そして、雪山に行くお金もない。

K 幼い時の菊と和泉が「バスガス爆発テロ事件」の生き残りという設定もありました。マイマイが脱毛エステサロン「びゅーてぃほぅ」を開業する話も結構好きだったなぁ（笑）。

念に自分を当てはめようとしたけれど、やがてどれも違うのではないかと気づく。やっぱり好きは好きだし、そこに名前はいらないんじゃないか、という考えに続いていきます。9話のラストでは、ライバルの牧とヒロインの武蔵が互いに認め合う関係性に進化しました。元々武蔵は二人が尊敬する上司だし、年齢が離れているから友達ではない。名前をつけようがない関係というのはとてもしっくりきました。
K 3話の「二人が幸せでよかった」と武蔵が泣くシーンの時、体調を崩されていた鋼太郎さんの咳が治まるまで圭さんと遣都さんが背中をずっとさすっていて。牧と武蔵の関係が脚本で想定していたより深まったのは、俳優部の互いへの想いが色濃く出たのかなと。現実の3人も「名前のない関係」なのかもしれないですね。

❼「公安ずラブ」の裏話を教えて！

K「公安ずラブ」はハードでカッコいいのになぜか笑いが止まらないっていう新現象でしたね（笑）。スピンオフでは本編に入れられなかった「秋斗との馴れ初め」「うるせえ唇の謎」も詰め込めて楽しかった。貴島は本望です（笑）。
T 公安は書いていて楽しかったですし、脚本も勢いよく書けたと思います。僕は前半の馴れ初めが好き。特に秋斗の「（警察学校の頃から逮捕するって決めていたのは）あんただよ」のところが。和泉と秋斗のクレープが、いちごたっぷりで！と指定したのは貴島さんでしたよね？
K 現場では、秋斗からクレープにどうしてもチョコも入れたいっておねだりされて。和泉も俺はバナナも入れたいって。…入れてあげました。
T また描きたいですよね、一切笑いなしで。

戦できるかと考えた時、俳優としても人柄としても、尊敬し信頼する井浦さんと三浦さんにお願いしたいと思いました。
T 井浦さんは「いずぽや」の存在感がすごいし、三浦さんは本音を見せない公安を見事に演じられていたと思います。
K 実際に井浦さんご本人もぽやぽやしている時があり、「あらぽや」と呼ばれたりもしていました。その一方で恐ろしいほど鋭い洞察力や、脚本の深淵を読み解く思考力にハッとさせられることも。例えば1話で和泉が春田に「明日もよろしくお願いします」と言うシーンで、ふと井浦さんから「秋斗を亡くした和泉にとって『明日も』って重い言葉だよね。どれぐらいのレベルで表現した方がいい？」と相談された時は、彼の表現力の奥底にある深い人間力に触れた気がして痺れました。今作では、愛する人が傍にいる日常は当たり前ではない…という「命」もテーマの一つでしたが、三浦さんもそれを非常に大切にしてくださいました。8話で武蔵のエンディングノートに対し「万が一の時にお兄さんの気持ちを知る事ができたら、周りはいくらか救われると思うんです」と菊之助が呟くシーンの撮影前には「この台詞は自分にとっても刺さる言葉」「きちんと届くようにぶちかましてきます！」と連絡をくださって。そんな、真っ直ぐで熱くて優しさに溢れたところは、菊様にも通ずる部分で、素敵だなぁと胸が熱くなりました。

❻武蔵の「好き」ってどんな「好き」？

T 今作、武蔵は恋愛では春田と牧に立ち入る隙はないと思いつつ、どこか腑に落ちない感情を抱えていました。いったんは姑や推しという既存の概

⑩「おっさんずラブ」は終わっちゃうの？

K 最終回の展開はなかなか思いつかずに悩みました。出社しながら悶々と考えていたら、スキマスイッチの「Lovin' Song」が流れてきて。「立ち止まって見上げた空、涙がどうにも止まらない」という歌詞を聞いて、春田と牧の幸せってそんな瞬間かもと思って。その後、テレ朝に貼られている全員のポスターが目に入った時、「ああ、家族写真を撮るシーンがやりたいなぁ」と。2016年から座長の田中圭さんには感謝が尽きません。誰もが座長を愛し、引っ張られてきた日々でした。だからみんなで圭さんに「ありがとう、大好きだよ」って伝えるような最終回があったっていいのかなぁ、と本打ちでポロッと零したら、珍しく全員が賛成でした。最終回の撮影の日、圭さんが「今日が、これまでの『おっさんずラブ』で一番忘れられないシーンになった」と言ってくださって、続編をやってよかったなと。いつかまた「おっさんずラブ」をやりたいなとも、心から思いました。
T そうですね。部長・春田創一とか。島耕作みたいに、いつか年を重ねた春田たちに会える日を楽しみにしています。
K 何年先かはわからないけれど、「北の国から」みたいに続けていけたらいいなと思っています。

とくお・こうじ◎1979年福岡県生まれ。慶應義塾大学卒。劇団とくお組主宰。「ミワさんなりすます」「六本木クラス」「unknown」などのドラマ、映画、舞台の脚本を手がける。

きじま・さり◎1990年東京都生まれ。慶應義塾大学卒。2012年テレビ朝日入社。担当作はドラマ「星降る夜に」「あのときキスしておけば」「にじいろカルテ」「unknown」のほか、ジョージア 冬の2分ドラマ『毎日って、けっこうドラマだ。』など。

⑧本当はどっちから？

K 3話のわたあめキスシーンで牧は「春田さんでしょ」と言っていますが、あれは照れ隠し。本当は牧から好きになったのに、春田が天然さと懐の深さで、認めるというお話なんですが…。
T 意外にSNSで「どっちが好きになったか論争」が起こっていたらしくて。じゃあアンサーソング的な物語にしてみよう、とスピンオフドラマのラストシーンに繋がりました。

⑨お互いの仕事のすごいところは？

K 徳尾さんの脚本は、発売されたばかりの「週刊少年ジャンプ」みたい。送られてきた瞬間に楽しみすぎて即読んでしまいます。笑い過ぎて途中で読めなくなる脚本なんて、徳尾さんの「おっさんずラブ」だけ。最後の本打ち前に、徳尾さんから原稿に添えて「これで脚本を送るのは最後ですね」とメッセージが来た時、「あー、もう読めないのかぁ…！」と、とても寂しい気持ちになったのを覚えています。
T 貴島さんは、ドラマで描きたい人物や世界がいつも肯定的でハッピー。それでいて尖っているのが素敵だなと。一般的なドラマのプロデューサーさんは、ディフェンシブな人が多いけれども、貴島さんは果敢にゴールを狙いに行く人。僕も一緒にゴールを狙うタイプなので、気づいたら誰もゴールを守っていないという場面はあるんですけど…（笑）。貴島さんは自身がなにか違うと思ったことでもただ否定することなく、アイデアを足して広げてくれる人で、それがドラマ制作にも反映されて優しい世界が作られていると思います。だから一緒に仕事をしていると、自分も優しくありたいと思えるんですよね。

金曜ナイトドラマ「おっさんずラブ -リターンズ-」

キャスト

田中 圭

林 遣都

内田理央

金子大地

伊藤修子

児嶋一哉

・

井浦 新

三浦翔平

・

眞島秀和

大塚寧々

吉田鋼太郎

主題歌

スキマスイッチ「Lovin' Song」
作詞・作曲：Takuya Ohashi、Shintaro Tokita
(AUGUSTA RECORDS / UNIVERSAL SIGMA)

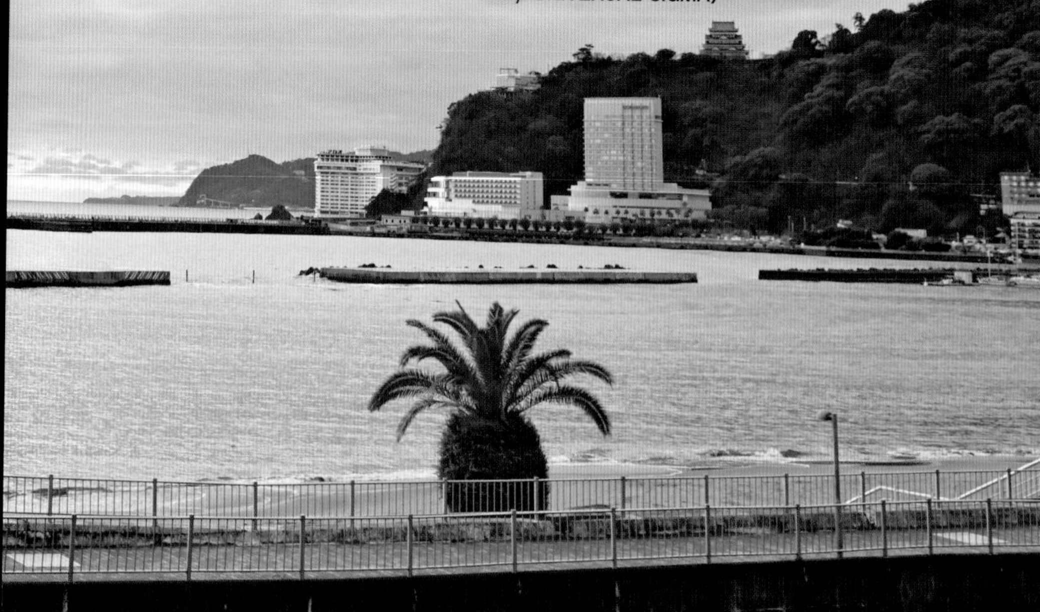

スタッフ

スケジュール…宮﨑暁夫
演出補…松下敏也・塚田芽来・谷川世奈・石井颯珠
制作担当…中村 哲
制作主任…福西 良・青山和史
制作進行…佐々木晴美・小島優希
制作応援…森本大介・脇街道隆道
プロデュース補…金子未緒理・佐藤夏美・黒子沙彩香
記録…松田理紗子・河野友里恵
スチール…桂 修平
制作デスク…宇留間恵里
予告制作…牧野圭亮
TVer ダイジェスト…高瀬まりこ
車輌…稲田幸一
ラインプロデューサー…小田 彩

編成…石田菜穂子・吉添智威
営業…吉田 健
宣伝…五色智哉・津久井美樹・石原 瞳
コンテンツビジネス…徳野真由美・柴田千尋・佐藤理人
ホームページ…テレビ朝日メディアプレックス
音楽協力…テレビ朝日ミュージック
出版窓口…文化工房

協力…ビデオフォーカス　テレビ朝日クリエイト
マービィ　pinpoon　インカム .com　三映印刷
バスク　アムレック　ヒビノ　ロケット　アクシーズ

エグゼクティブプロデューサー…三輪祐見子
プロデューサー…貴島彩理・神馬由季
協力プロデューサー…松野千鶴子

演出…瑠東東一郎・山本大輔・Yuki Saito

制作協力…アズバーズ
制作著作…テレビ朝日

脚本…徳尾浩司

音楽…河野 伸

撮影…髙野 学
B カメ…社本琢哉
DIT…香山達也
撮影助手…小川夏穂・早川裕樹
照明…坂本 心
照明助手…村岡春彦・齋藤綾香・清川 遥
録音…池谷鉄兵
録音助手…松平実季・山本旭陽
技術営業…飯田次郎

美術プロデューサー…丸山信太郎
デザイン…加藤周一
美術進行…大谷 渉・野末晃子
装飾…中嶋誠宗・安部俊彦
装飾助手…高木重因・赤崎冴美
持道具…鈴木麻美子

衣裳…日根野真美
衣装助手…武井茉周
ヘアメイク…花村枝美・大槻史菜
ヘアメイク助手…上村詠子
ヘアメイク（吉田鋼太郎）…熊谷波江
大道具…安藤朋希
建具…石井洋介
フードコーディネーター…赤沼文実子
美術車輌…木下陽介

編集…神崎亜耶
EED…石井康裕
編集助手…馮 嘉琪
選曲…岩下康洋
音響効果…土井隆昌
MA…河野弘貴

OFFICIAL GOODS

待望のアクスタも登場！
人気を博した番組公式グッズの一部を紹介♪

タキシードてんくぅんぬいぐるみ
（春田／牧）　各2,800円（税込）

アクリルスタンド
（春田創一／黒澤武蔵／牧凌太／和泉幸／六道菊之助）
各1,200円（税込）

ラブラブ
アクリルスタンド
（春田創一＆牧凌太）
1,400円（税込）

劇中登場

牧プレゼントの
はるたんあったかマフラー
6,500円（税込）

劇中登場

ルームウェア（はるたんぶぅ／牧ぴよ）
各9,900円（税込）

劇中登場

茶碗
（はるたんぶぅ／牧ぴよ）
各1,500円（税込）

Ossan's Love Returns goes to the world!!

おっさんずラブ史上初！
海外向けのグッズも販売！

風呂敷　4,000円（税込）

※時期により売り切れの場合がございます。※国内販売時価格です。

金曜《きんよう》ナイトドラマ
「おっさんずラブ-リターンズ-」公式《こうしき》ブック

2024年4月25日　第1刷発行

監　修　株式会社《かぶしきがいしゃ》 テレビ朝日《あさひ》
発行者　小田慶郎
発行所　株式会社 文藝春秋
〒102-8008 東京都千代田区紀尾井町3-23
電話 03-3265-1211
印刷・製本　光邦

カバー写真・デザイン協力：株式会社FILM
本文場面写真：テレビ朝日
本文取材写真：佐藤 亘
松本輝一
デザイン：大久保明子
上楽 藍
山本 翠
野中深雪
DTP制作：エヴリ・シンク

ISBN978-4-16-391836-5
Printed in Japan

**THANK YOU
OSSAN'S LOVE RETURNS!**

春田と牧の
おもいでのアルバム

あの階段
上がったところで

SMILE!!

雪の日の初詣

おもいでのわたあめ

WAI WAI

OKIRO~

TANUKI NEIRI?

WAI WAI

たのしい我が家

KOTATSU

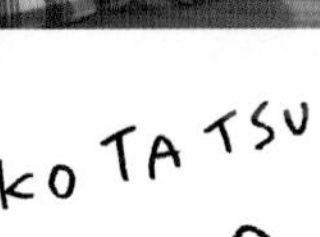

OKASHI

WAAA
LOVE & PEACE!!!
YEAH!!
WE ARE FAMILY!!

HARUTAN TO (MAKI TO) WATASHI

HARUTAN♡

HARUTAN♡

HARUTAN♡

HOSHI IKUTSU??

HA・RU・TA・N♥

HA~RU TA~N!

武蔵のおもいでのアルバム
ばしゃうまクリーンサービス
黒澤 武蔵
RIN RI~N ♪
MUSASHI NO AI♥HA E♥I♥E♥N DESU!!